求是智库
ZJU Think Tank

先进制造业政策观察

第6辑

《先进制造业政策观察》编写组　编

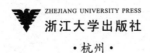

ZHEJIANG UNIVERSITY PRESS
浙江大学出版社
·杭州·

图书在版编目（CIP）数据

先进制造业政策观察. 第 6 辑 /《先进制造业政策观察》编写组编. -- 杭州：浙江大学出版社，2024. 12.
ISBN 978-7-308-24616-3

Ⅰ. F426.4

中国国家版本馆 CIP 数据核字第 2025RK7287 号

先进制造业政策观察（第 6 辑）

《先进制造业政策观察》编写组　编

责任编辑	蔡圆圆
文字编辑	周　靓
责任校对	许艺涛
封面设计	周　灵
出版发行	浙江大学出版社
	（杭州市天目山路 148 号　邮政编码 310007）
	（网址：http://www.zjupress.com）
排　　版	杭州青翔图文设计有限公司
印　　刷	杭州高腾印务有限公司
开　　本	787mm×1092mm　1/16
印　　张	9.75
字　　数	82 千
版 印 次	2024 年 12 月第 1 版　2024 年 12 月第 1 次印刷
书　　号	ISBN 978-7-308-24616-3
定　　价	68.00 元

内容说明

　　本书旨在通过对政策和战略的分析,发现制造业领域存在的重大风险问题,并为解决问题提供新发现和新视角。本书主要内容包括战略政策、策略观点和研究分析三个部分。

　　战略政策密切跟踪全球主要国家(地区)在经贸、科技和产业方面的重大战略和政策,通过政策综述的方式,揭示各国(地区)最新的战略动向及政策着力点。

　　策略观点选取各国(地区)政府相关部门、全球知名智库、国际组织等机构发布的关于制造业发展、供应链安全、产业竞争力、科技竞争等方面的分析和观点,对主要内容进行编译,为我国相关领域的分析和研究提供借鉴和思考。

　　研究分析从产业发展、产业技术、产业管理以及产业安全的视角,对制造业竞争、高技术管制、产业安全、出口管制、工业基础调查等方面的内容进行深入分析,为具体领域问题的解决提供新视角,以及在此基础上提供进一步的深入研究和探讨。

目　录

战略政策

策略观点

研究分析

战略政策

美国科技政策最新动向综述

近期,美国聚焦加强出口管制,考虑将技术管制扩大至量子计算和 AI(Artificial Intelligence,人工智能)领域,加强与盟友之间的管制协调;提出对投资大型科技企业加强监管,严格边境执法;加快清洁能源转型、着力发展清洁经济,在双边和区域层面推进气候合作;加强基础与应用研究,加大 STEM① 教育和投入,启动劳动力发展计划;继续进行前沿技术布局,加强新技术的部署和应用;推进网络安全与生物安全各类法规政策,出台法规支

---

① STEM 是科学(Science)、技术(Technology)、工程(Engineering)、数学(Mathematics)四门学科英文首字母的缩写。

持本土制造,在关键领域强化供应链安全。

一、加强出口管制和投资审查制度

1. 美国国会议员提出加强出口管制,考虑将技术管制扩大至量子计算和 AI 领域

美国国会众议员提出加强出口管制法案。2022 年 10 月 28 日,美国国会众议员吉姆·班克斯(Jim Banks)提出《出口管制中优先考虑国家安全法案》。该法案将取消商务部工业和安全局(BIS)的出口管制权力,将其转移到国防部的国防技术和安全管理局(DTSA),把出口管制的权力从商务部转移至国防部。该法案称,自《2018 年出口管制改革法》通过以来,商务部负责实施出口管制的 BIS 没有采取任何行动限制基础技术向中国转移。11 月 1 日,美国国会众议院外交事务委员会主席迈克尔·麦考尔(Michael McCaul)致函商务部部长吉娜·雷蒙多(Gina

Raimondo），要求 BIS 就最近发布的出口管制规则提供相关资料。

美国考虑将技术出口管制扩大至量子计算和 AI 领域。美国政府正在制定一项有关对外投资审查机制的行政命令，该机制将审查流向中国的某些技术领域的投资，量子计算和人工智能可能包括在内。

2. 美国多部门提出对投资大型科技企业加强监管，严格边境执法

2022 年 10 月 26 日，美国证券交易委员会（SEC）根据《1940 年投资顾问法》提出了一项新的修正案①，禁止注册投资顾问在未对服务提供商进行尽职调查和监督情况下的某些外包服务和功能。该修正案建议，投资顾问在保留服务提供商执行某些咨询服务或职能之前满足特定的尽职调查要求，并随后对服务提供商的表现进行定期监测。

---

① United States Securities and Exchange Commission. SEC Proposes New Oversight Requirements for Certain Services Outsourced by Investment Advisers[EB/OL].（2022-10-26）[2022-12-02]. https://www.sec.gov/newsroom/press-releases/2022-194.

二、加快清洁能源转型、着力发展清洁经济,
在双边和区域层面推进气候合作

1.白宫发布联邦采购清洁倡议,宣布《净零游戏规则改变者倡议》

2022年10月20日,白宫发布《联邦采购清洁倡议》。[①] 美国联邦根据2021年12月联邦可持续性计划和第14057号行政命令,推广使用由美国制造的低碳建筑材料。采购清洁工作组由联邦首席可持续发展官和白宫国内气候政策办公室组成。11月4日,白宫发布《净零游

[①] The White House. Fact Sheet: Biden-Harris Administration Rallies States, Cities, and Companies to Boost Clean American Manufacturing[EB/OL]. (2022-10-20) [2022-12-06]. https://www. whitehouse. gov/briefing-room/statements-releases/2022/ 10/20/fact-sheet-biden-harris-administration-rallies-states-cities-and-companies-to-boost-clean-american-manufacturing/.

戏规则改变者倡议》①,提出将在 2050 年前实现净零排放。白宫气候政策办公室、科技政策办公室和管理与预算办公室联合发布《美国创新以实现 2050 年气候目标》,报告描述了联邦机构确定的 37 个"改变游戏规则"的研发机会。政府将通过五个优先事项启动清洁能源创新:高效建筑供暖和制冷;净零航空;净零电网和电气化;推动发展净零循环经济的工业产品和燃料;发展大规模聚变能源。此外,拜登政府计划要求最大的联邦承包商根据 2015 年《巴黎协定》制订的目标设定削减温室气体排放的目标。② 政府的新提案还要求承包商公开其排放量,并详细说明业务构成的风险。联邦政府最大的供应商名单包括波音和洛克希德·马丁等航空巨头,以及辉瑞和摩德纳等制药公司。

---

① The White House. Fact Sheet: Biden-Harris Administration Makes Historic Investment in America's National Labs, Announces Net-Zero Game Changers Initiative [EB/OL]. (2022-11-04)[2022-12-06]. https://www. whitehouse. gov/briefing-room/statements-releases/2022/11/04/fact-sheet-biden-harris-administration-makes-historic-investment-in-americas-national-labs-announces-net-zero-game-changers-initiative/.

② CNN. Biden Proposing New Rule Requiring Federal Contractors to Set Carbon Reduction Plans as Leaders Gather for Climate Summit[EB/OL]. (2022-11-10)[2022-12-06]. https://edition. cnn. com/2022/11/10/politics/federal-contractors-carbon-rule-biden/index. html.

2. 美国能源部加强清洁能源转型,投资能源效率升级和长期储能示范项目

2022 年 11 月 2 日,美国能源部(DOE)宣布为 23 个项目提供 4300 万美元的资助,以加速社区的清洁能源转型,并提高电网的可靠性和安全性。[①] 11 月 14 日,美国能源部宣布将投资近 3.5 亿美元,用于新兴的长期储能(LDES)示范项目。该项目能够提供更长时间的电力,用以支持低成本、可靠、无碳的电网。[②] 11 月 15 日,拜登政府宣布斥资 2.5 亿美元用于各州建立循环贷款基金,以投资商业和住宅建筑的能源效率升级和改造。该资金计划还创建了高效家用电器补贴计划,为符合条件的家庭购买热泵或其他节能家用电器

[①]　United States Department of Energy. DOE Announces ＄43 Million to Support the Clean Energy Transition in Communities across the Country[EB/OL]. (2022-11-02) [2022-12-06]. https://www. energy. gov/articles/doe-announces-43-million-support-clean-energy-transition-communities-across-country.

[②]　United States Department of Energy. Biden-Harris Administration Announces Nearly ＄350 Million for Long-Duration Energy Storage Demonstration Projects[EB/OL]. (2022-11-14) [2022-12-06]. https://www. energy. gov/articles/biden-harris-administration-announces-nearly-350-million-long-duration-energy-storage.

提供最高达 1.4 万美元的直接消费者补贴。①

3. 通过双边、区域等加速清洁能源伙伴关系

2022 年 11 月 1 日,美国与阿拉伯联合酋长国签署一项名为"加速清洁能源伙伴关系"(PACE)的框架协议。② PACE 将推动 1000 亿美元的融资、投资和其他支持,加速实现到 2035 年在全球部署 100GW 清洁能源的目标。11 月 11 日,美国、欧盟、日本、加拿大、挪威、新加坡和英国承诺迅速采取行动应对世界面临的气候和能源安全危机,加快全球向清洁能源过渡。③ 11 月 15 日,美国、欧盟和印度尼西亚的领导人就全球基础设施与投资伙伴关系

---

① United States Department of Energy. Biden-Harris Administration Announces $250 Million to Finance Energy Efficiency Upgrades for American Families and Businesses[EB/OL]. (2022-11-15)[2022-12-06]. https://www. energy. gov/articles/ biden-harris-administration-announces-250-million-finance-energy-efficiency-upgrades.

② United States Department of State. U. S. -UAE Signing of the Partnership for Accelerating Clean Energy[EB/OL]. (2022-11-01)[2022-12-06]. https://www. state. gov/ u-s-uae-signing-of-the-partnership-for-accelerating-clean-energy/.

③ United States Department of State. Joint Declaration from Energy Importers and Exporters on Reducing Greenhouse Gas Emissions from Fossil Fuels[EB/OL]. (2022-11-11)[2022-12-06]. https://www. state. gov/joint-declaration-from-energy-importers-and-exporters-on-reducing-greenhouse-gas-emissions-from-fossil-fuels/.

(PGII)发表声明①,重申加强全球伙伴关系的共同承诺,以促进对中低收入国家的可持续、透明和优质基础设施投资。同日,美国与印度尼西亚等国家宣布启动"公正能源转型伙伴关系"(JETP)。该伙伴关系计划在 3～5 年内通过赠款、优惠贷款、市场利率贷款、担保和私人投资等方式,筹集 200 亿美元的资金,投资于印度尼西亚在能源方面的转型。11 月 19 日,美国副总统哈里斯重申,美国将通过与湄公河地区国家的合作,加强湄公河次区域的稳定、和平、繁荣和可持续发展。美国计划通过"日美湄公河电力伙伴关系"(JUMPP)向湄公河领域投资 2000 万美元,支持湄公河流域国家的电力传输、清洁能源整合和脱碳等。②

---

① The White House. United States-Indonesia-EU Joint Statement on Partnership for Global Infrastructure and Investment [EB/OL]. (2022-11-15)[2022-12-06]. https://www. whitehouse. gov/briefing-room/statements-releases/2022/11/15/united-states-indonesia-eu-joint-statement-on-partnership-for-global-infrastructure-and-investment/.

② The White House. Fact Sheet: Vice President Harris Announces New U. S. Support for Clean Energy in the Mekong Region[EB/OL]. (2022-11-19)[2022-12-06]. https://www. whitehouse. gov/briefing-room/statements-releases/2022/11/19/fact-sheet-vice-president-harris-announces-new-u-s-support-for-clean-energy-in-the-mekong-region/.

三、强化基础研究和创新，
侧重 STEM 人才培养

1. 探讨科学转变方向，加强基础与应用研究，升级国家实验室

2022 年 10 月 25 日，美国白宫科技政策办公室（OSTP）主任阿拉蒂·普拉巴卡尔（Arati Prabhakar）在美国科学促进会（AAAS）发表演讲，表示"科学、技术、研究、创新和实验是美国司法、国防和公共福祉不可或缺的一部分"，美国科学需要进行三个转变：一是建立一个"需要什么"的心态，促进公平，并考虑科学的社会影响；二是促进科学和技术劳动力的公平性并确保研究成果能在全美公平分享；三是研究和开发的社会影响应利

大于弊。[①] 2023 财年联邦科学和技术预算将超过 2000
亿美元,其中 1110 亿美元用于基础和应用研究。11 月 4
日,美国能源部宣布,根据《通胀削减法案》,拨款 15 亿美
元用于建设和升级美国的国家实验室。这些资金将升级
科学设施,实现基础设施现代化,并用于能源部科学管理
的国家实验室办公室的延期维护项目。[②] 11 月 22 日,美
国国防部(DOD)宣布,根据国防大学研究仪器计划
(DURIP)向 147 名大学研究人员提供总计 5900 万美元
的奖励。这些奖励将资助 2023 财年 30 个州的 77 家机构
购买研究设备,使大学能够开展最先进的研究,增强当前
能力并开发新能力。[③]

---

　　① 　Jose Rascon. OSTP Director Details 'Shifts' to Meet U. S. Tech Challenges[EB/
OL]. (2022-10-25)[2022-12-08]. https://www. meritalk. com/articles/ostp-director-
details-shifts-to-meet-u-s-tech-challenges/.

　　② 　United States Department of Energy. Biden-Harris Administration Announces
$ 1. 5 Billion from Inflation Reduction Act to Strengthen America's National Laboratories
[EB/OL]. (2022-11-04)[2022-12-08]. https://www. energy. gov/articles/biden-harris-
administration-announces-15-billion-inflation-reduction-act-strengthen.

　　③ 　United States Department of Defence. DoD Awards $ 59 Million in University
Research Equipment Awards [EB/OL]. (2022-11-22)[2022-12-08]. https://www.
defense. gov/News/Releases/Release/Article/3226555/dod-awards-59-million-in-university-
research-equipment-awards/.

2. 加大 STEM 教育和投入，启动劳动力发展计划

2022 年 10 月 19 日，美国国家科学基金会启动一项新的 3000 万美元的劳动力发展计划。[①] 该计划将为有兴趣进入新兴和新技术领域或获得更多经验的个人扩大实践和学习机会，这些领域包括先进制造业、人工智能、生物技术、量子信息科学以及半导体和微电子。该计划将促进新兴技术领域的组织与具有劳动力发展专长的组织之间的合作。同日，美国商务部下属的国家电信和信息管理局（NTIA）发布一份新的"劳动力规划指南"[②]，供各州和领地在规划高速互联网部署项目时使用。10 月 25 日，美国国家科学基金会（NSF）改组教育与人力资源

[①]　United States Department of Commerce. Biden-Harris Administration Releases New Framework for Diverse, High-Paying Telecom Jobs[EB/OL]. (2022-10-19)[2022-12-10]. https://www. commerce. gov/news/press-releases/2022/10/biden-harris-administration-releases-new-framework-diverse-high-paying.

[②]　National Science Foundation, United States. New NSF Workforce Development Program Opens New Doors in Emerging Technology Fields[EB/OL]. (2022-10-19)[2022-12-10]. https://new. nsf. gov/news/new-nsf-workforce-development-program-opens-new.

局、人力资源开发局为 STEM 教育局(EDU)。EDU 将对基础、应用和转化研究进行大量投资,使 STEM 教学、学习、培训和评估得到改善。EDU 的投资将为 STEM 教育中的创新、转化和共享提供支持。[①] 11 月 7 日,美国能源部宣布向南卡罗来纳州、田纳西州和华盛顿州的少数族裔服务机构(MSI)提供 3000 万美元的财政援助赠款。这些赠款由美国能源部环境管理办公室(EM)的少数族裔服务机构合作计划(MSIPP)分发,将帮助培养高素质的科学、技术、工程和数学领域的学生,并培养训练有素、技术熟练的 STEM 劳动力。[②]

① National Science Foundation, United States. NSF Announces Name Changes to Education Directorate[EB/OL]. (2022-10-25)[2022-12-08]. https://new. nsf. gov/news/nsf-announces-name-changes-education-directorate.

② United States Department of Energy. DOE Awards ＄30 Million to Minority Serving Institutions to Invest in Next Generation STEM Leaders[EB/OL]. (2022-11-07)[2022-12-10]. DOE Awards ＄30 Million to Minority Serving Institutions to Invest in Next Generation STEM Leaders | Department of Energy.

四、推进国际合作，加快与盟友协调

1. 在科技创新领域加强合作，在高技术领域加强出口管制协调

2022年10月21日，美国商务部部长和加拿大创新、科学和工业部长举行会谈。两国将在关键矿物加工、电池制造和回收领域进行合作，以减少供应风险，提高联合经济安全。美国经济分析局、加拿大统计局和加拿大全球事务局正在通过联合开发新的数据及分析美国和加拿大之间的供应链联系，帮助确定供应链的脆弱性。美国国家标准与技术研究所（NIST）与加拿大标准委员会（SCC）签署一份谅解备忘录，在标准、合格评估和认证方面进行协调与合作。

同日，美国与瑞士就量子信息科学与技术合作发表联合声明。声明称，两国拟促进量子计算、量子网络和量

子传感等领域的量子科学技术研究,支撑量子科学的发展。两国将开展合作,进一步促进知识产权保护和执法;利用双边科技合作机制和多边合作框架;促进多学科研究,并在一定条件下共享研究方法、基础设施和数据;为量子信息科学与技术研发建立市场和供应链;加强人才建设等。①

2022 年 11 月 9 日,美国与韩国成立两用物项出口管制工作组,以协调涵盖两用物项的出口管制政策。双方发表声明称,该工作组的任务是确定双方将考虑采取的具体行动以推进两用物项的出口管制协作,确保公平竞争。

2.在经济、金融、投资等领域加强双边、区域合作

2022 年 11 月 12 日,在第 10 届年度美国—东盟峰会上,美国总统拜登与东盟领导人会面,宣布将美国—东盟

① United States Department of State. Joint Statement of the United States of America and Switzerland on Cooperation in Quantum Information Science and Technology [EB/OL]. (2022-10-21)[2022-12-10]. https://www.state.gov/joint-statement-of-the-united-states-of-america-and-switzerland-on-cooperation-in-quantum-information-science-and-technology/.

关系提升为全面战略伙伴关系(CSP)。

2022年11月13日,美国、日本与韩国重申三边伙伴关系,决定在安全领域内建立更紧密的三边联系。白宫声明称,三国将不断发展区域伙伴关系,推动经济繁荣和技术领先,并应对气候危机。三国领导人同意制定一个全面的印太经济框架(IPEF),关注数字经济、供应链弹性、清洁能源及其他旨在促进经济可持续增长和包容性的优先事项。

2022年11月13日,美国总统拜登与印度尼西亚总统佐科·维多多(Joko Widodo)举行会谈。在G20峰会期间,美国和印度尼西亚将与合作伙伴一起推出变革性的新全球基础设施与投资伙伴关系(PGII)倡议,以加速印度尼西亚的清洁能源转型并促进其持久繁荣。

2022年11月14日,印度财政部和企业事务部部长尼尔马拉·西塔拉曼(Nirmala Sitharaman)与美国财政部部长珍妮特·耶伦(Janet L. Yellen)举行美印经济和金融伙伴关系第九次会议。印度和美国将与合作伙伴共同努力,寻求广泛的公共和私人融资组合,以促进印度根据其国家确定的气候目标和能力实现能源转型。

2022年11月15日,美国、澳大利亚和日本宣布,美国

国际开发金融公司(DFC)与日本国际合作银行(JBIC)将在
最终批准的情况下,为澳大利亚出口融资(EFA)的一揽子
融资计划提供各 5000 万美元的信贷担保,用于支持
Telstra 收购太平洋地区领先的电信运营商 Digicel Pacific。

五、继续进行前沿技术布局,
加强新技术的部署和应用

1.美国能源部在水电技术、废弃核燃料回收、核研发基础设施、同位素研究等领域加大投入

2022 年 10 月 21 日,美国能源部宣布三项超过 2800
万美元的资助计划,以支持研究和开发项目,推进和保护
水电作为清洁能源的重要来源。[①] 同日,美国能源部宣布

---

① United States Department of Energy. Biden-Harris Administration Announces
$ 28 Million to Advance and Deploy Hydropower Technology[EB/OL]. (2022-10-21)
[2022-12-10]. https://www. energy. gov/articles/biden-harris-administration-announces-
28-million-advance-and-deploy-hydropower-technology.

提供 3800 万美元资金，致力于减少轻水反应堆废旧核燃料（UNF）处理的影响。所投资项目由大学、私营公司和国家实验室主导，相关机构被选中开发技术以推进 UNF 的回收，减少需要永久处置的高浓度废物的数量，并提供安全的国内先进反应堆燃料储备。① 10 月 24 日，美国能源部与橡树岭国家实验室合作，启动稳定同位素生产和研究中心（SIPRC）建设。美国能源部提供 7500 万美元支持 SIPRC，为 DOE 提供多种生产系统以丰富各种稳定同位素的开发和生产，同时支持新兴技术并确保美国处于同位素开发和生产的全球前沿。② 10 月 25 日，美国能源部宣布，《通货膨胀削减法案》将提供 1.5 亿美元，用于改善能源部爱达荷国家实验室（INL）的基础设施，以加强核能研究和发展。

---

① United States Department of Energy. DOE Awards $38 Million for Projects Leading Used Nuclear Fuel Recycling Initiative［EB/OL］.（2022-10-21）［2022-12-10］. https://www. energy. gov/articles/doe-awards-38-million-projects-leading-used-nuclear-fuel-recycling-initiative.

② United States Department of Energy. Biden-Harris Administration Announces $150 Million To Improve Nuclear Research and Development Infrastructure at Idaho National Laboratory［EB/OL］.（2022-10-24）［2022-12-10］. https://www. energy. gov/articles/biden-harris-administration-announces-150-million-improve-nuclear-research-and-development.

2.加强新技术的部署与应用,开展 56 项超级计算机项目以加速科学和工程研究

2022 年 11 月 7 日,美国能源部在联邦公报发布评论请求,希望推进新兴技术的实际应用,包括人工智能、量子信息科学、数据分析和能源效率等。为了弥补理论和实际应用之间的差距,美国能源部科学办公室的加速计划专注于将基础研究的发现转化为具有持久商业影响的产品。能源部设想了一个由来自国家实验室、学术机构和工业界的跨学科科学家和工程师组成的团队,以帮助促进联邦资助的研究进入生产阶段。11 月 25 日,美国能源部橡树岭国家实验室、美国普渡大学和瑞士洛桑联邦理工学院(EPFL)联合研究团队在单个光学芯片上实现了一种可测量在量子频率梳(一种光子源)中编码的高维量子比特的有效方法。

六、网络安全与生物安全、供应链安全

1. 推进网络安全与生物安全各类法规政策

2022 年 10 月 25 日，美国众议员安娜·艾舒（Anna G. Eshoo）敦促国家安全顾问（NSA）和科技政策办公室（OSTP）采取行动，解决军民两用人工智能对生物安全造成的风险。人工智能在生物技术、医疗保健和制药方面有着重要的应用，但应该对军民两用的 AI 给美国国家安全、经济安全和公共健康所可能带来的危害保持警惕。

2022 年 10 月 26 日，美国白宫宣布"化学行动计划"，将关注存在重大化学品泄漏危险的高风险化学设施，加强整个化学部门的 ICS 网络安全；推动联邦政府和化工企业之间的信息共享和分析协调；促进与化工产业领域所有者和经营者的合作等。①

2022 年 11 月 10 日,美国国家安全局(NSA)发布《防范软件内存安全问题》政策指南,建议软件开发及运营人员使用内存安全语言,并通过代码强化防御来保护计算机系统免受网络攻击。②

2022 年 11 月 12 日,CISA 发布报告称,主要的网络安全和部门风险管理官员应该考虑将空间和生物经济作为关键基础设施的两个新领域,确保生物经济帮助解决气候变化和粮食生产等问题。③

2022 年 11 月 18 日,美国白宫管理和预算办公室(OMB)发布一份新的备忘录文件,要求联邦机构在量子

① The White House. Fact Sheet:Biden-Harris Administration Expands Public-Private Cybersecurity Partnership To Chemical? Sector[EB/OL]. (2022-10-26)[2022-12-12]. https://www. whitehouse. gov/briefing-room/statements-releases/2022/10/26/fact-sheet-biden-harris-administration-expands-public-private-cybersecurity-partnership-to-chemical-sector/.

② National Security Agency. NSA Releases Guidance on How to Protect against Software Memory Safety Issues[EB/OL]. (2022-11-10)[2022-12-12]. https://www. nsa. gov/press-Room/press-Releases-Statements/press-Release-view/Article/3215760/nsa-releases-guidance-on-how-to-protect-against-software-memory-safety-issues/.

③ Cybersecurity & Infrastructure Security Agency. Section 9002(b) Report[EB/OL]. (2022-11-12)[2022-12-12]. Section 9002(b) Report | CISA.

计算机开始运行前采用量子密码学标准。[1]

2022 年 11 月 22 日，美国网络安全和基础设施安全局（CISA）更新"基础设施韧性规划框架"（IRPF），以更好地帮助州、地方、部落和领土（SLTT）规划者保护基础设施。[2]

2022 年 11 月 28 日，美国国防部发布了国防部零信任战略和路线图。美国国防机构必须在 2027 年之前将网络转换为持续检查的架构，以确保没有人能访问其不应访问的数据。[3]

---

[1]　The White House. Executive Office of The President Office of Management and Budget［EB/OL］（2022-11-18）［2022-12-12］. https://www. whitehouse. gov/wp-content/uploads/2022/11/M-23-02-M-Memo-on-Migrating-to-Post-Quantum-Cryptography. pdf.

[2]　Cybersecurity & Infrastructure Security Agency. CISA Updates the Infrastructure Resilience Planning Framework［EB/OL］. （2022-11-22）［2022-12-12］. https://www. cisa. gov/news-events/news/cisa-updates-infrastructure-resilience-planning-framework.

[3]　United States Department of Defense. DOD Releases Path to Cyber Security Through Zero Trust Architecture［EB/OL］. （2022-11-28）［2022-12-12］. https://www. defense. gov/News/News-Stories/Article/Article/3229211/dod-releases-path-to-cyber-security-through-zero-trust-architecture/.

2.出台法规支持本土制造,在关键领域强化供应链安全

2022 年 11 月 7 日,美国医疗保险和医疗补助服务中心(CMS)出台新规,该规则鼓励医院购买美国产品并支持美国本土的口罩制造商。美参议员塔米·鲍德温(Tammy Baldwin)表示,为了更好地应对卫生紧急情况,美国需要随时供应高质量、美国制造的口罩,确保在需要时向医护人员提供优质的个人防护装备,建设更有弹性的国内供应链。

2022 年 10 月 27 日,美国能源部(DOE)宣布为 12 个州的 16 个项目提供 3900 万美元,以增加清洁能源转型所需关键矿物原料的国内供应。[①] 11 月 11 日,为确保电池级锂在美国国内的稳健供应,美国能源部宣布提供 1200 万美元的资助资金,以推进从地热卤水中安全、经

---

① United States Department of Energy. DOE Announces \$39 Million for Technology to Grow the Domestic Critical Minerals Supply Chain and Strengthen National Security [EB/OL]. (2022-10-27) [2022-12-12]. https://www. energy. gov/articles/doe-announces-39-million-technology-grow-domestic-critical-minerals-supply-chain-and.

济、高效地提取和提炼锂。[①] 11 月 16 日，美国能源部宣布，根据《两党基建法案》，将为 10 个项目提供近 7400 万美元，用于推进电动汽车（EV）电池回收和再利用的技术和工艺。[②] 这些项目由大学、国家实验室和私营部门牵头，旨在开发商业上可扩展的技术，以增加美国国内铜、镍、锂、钴、稀土元素和其他关键矿物原料的供应。

3. 加强国防工业基础建设，探讨供应链弹性和劳动力问题

2022 年 10 月 27 日，美国国防部发布《国防战略、核态势评估和导弹防御评估》的公开版本。为了保持美国的持久优势，国防部还进一步加强国防企业的基础，加强

---

① United States Department of Energy. DOE Invests Millions in America's Massive Lithium-Production Potential [EB/OL]. （2022-11-11）[2022-12-12]. https://www. energy. gov/articles/doe-invests-millions-americas-massive-lithium-production-potential.

② United States Department of Energy. Biden-Harris Administration Announces Nearly $ 74 Million to Advance Domestic Battery Recycling and Reuse, Strengthen Nation's Battery Supply Chain [EB/OL]. （2022-11-16）[2022-12-12]. https://www. energy. gov/articles/biden-harris-administration-announces-nearly-74-million-advance-domestic-battery-recycling.

国防工业基地内的供应链,应对气候变化的危险。^①

2022 年 10 月 28 日,美国国防部公布"2022—2026 财年战略管理计划"(SMP)。SMP 侧重于四个战略目标:一是进行正确的技术投资并改造未来的部队;二是加强国防生态系统的复原力和适应性;三是培养劳动力;四是解决机构管理的优先问题。^②

---

① U. S. Embassy & Consulates in China. Department of Defense Releases Its 2022 Strategic Reviews-National Defense Strategy, Nuclear Posture Review, and Missile Defense Review[EB/OL]. (2022-10-27)[2022-12-12]. https://china. usembassy-china. org. cn/2022-national-defense-strategy/.

② United States Department of Defense. DoD Releases the Strategic Management Plan for Fiscal Years 2022—2026[EB/OL]. (2022-10-26)[2022-12-12]. https://www. defense. gov/News/Releases/Release/Article/3203311/.

策略观点

日本公布促进下一代半导体研发和量产最新举措

2022 年 11 月 11 日,日本经济产业省公布促进下一代半导体研发和量产的最新举措,名为"努力构建下一代半导体的设计和制造平台计划"(以下简称"计划")。① 日本经济产业省强调,将在 21 世纪 20 年代后期构建下一代半导体的设计和制造平台,并设立下一代半导体研发的新机构——前沿半导体技术中心(LSTC)。

---

① 经济产业省.次世代半導体の設計・製造基盤確立に向けた取組について公表します[EB/OL].(2022-11-11)[2022-12-15]. https://www.meti.go.jp/press/2022/11/20221111004/20221111004.html.

一、"计划"的背景

20 世纪 70 年代,日本半导体产业由国家主导,市场中竞争力较强的是日立以及日本电气等综合机电设备制造商。20 世纪 80 年代后半期,日本半导体产品席卷全球市场,占全球份额一度达到 50%。但由于日美贸易摩擦导致出口受限等原因,日本半导体生产企业的盈利能力从 20 世纪 90 年代开始下降,而韩国、中国台湾地区企业的实力则迅速提升。盈利能力的下降导致日本企业在研发和量产尖端半导体设备投资方面严重滞后。尽管 2006 年出现了由东芝、日立、瑞萨科技(现为瑞萨电子)成立代工企业的构想,日本政府也予以推动,但因各企业步调不一致,仅仅半年该"计划"就宣告失败。此外,以日立、日本电气和三菱电机的半导体业务为母体的尔必达公司因投资竞争而财务恶化,虽然日本政府也投入资金,但 2012 年 2 月该企业仍宣布破产。日本半导体企业经历的上述失败导致其在 21 世纪第二个 10 年的"电路线宽"微细化投资竞争中处于劣势,从而出现了近 10 年的技术空白。相比之下,三星和台积电则在经济不景气时期坚持进行巨额投资,甩开了日本半导体制造商等竞争对手,建立了高收益的商业模式。

在此背景下,日本政府开始谋求振兴本国的半导体产业。2021 年 2 月,台积电宣布将在日本政府的支持下在日本设立研发基地;6 月,日本经济产业省正式公布《半导体与数字产业战略》;10 月,台积电宣布将在日本熊本县建设半导体生产厂;12 月,日本政府决定为支持尖端半导体的生产基地提供 6170 亿日元的补贴;2022 年 10 月,日本首相岸田文雄表示,日本将为下一代半导体的研发投入 1.3 万亿日元的政府资金;11 月,日本经济产业省公布"计划",促进 2nm 制程等下一代半导体的研发和量产。

在"计划"中,日本经济产业省首先提及 2021 年 11 月 15 日第四次"半导体与数字产业战略研讨会"所提出的有关强化日本半导体产业基础的"三步走"实施方案。该方案已成为振兴日本半导体产业的"基本策略"。

第一步: 加快物联网相关半导体生产基地的建设,吸引先进半导体代工厂来日建厂,抑制日本半导体制造基地的外流和空心化,更新和强化日本现有的半导体生产基地。从强化日本产业基础、提高战略自主性和不可或缺性的角度来看,确保高性能半导体的产能具有重要意义。方案强调,由于目前日本半导体产品的制程水平处于低端,如果将确保稳定供应的成本转移至最终产品价格中,就会导致市场份额流向低价的海外供应商,由此可能面临半导体供应链依赖海外的安全风险。鉴于供应链的不可或缺,日本政府将支持对民众生活产生较大影响以及可能给经济造成巨大损失的半导体的生产(不可或缺性较高),同时也将为那些考虑通过更换/扩建制造设备以显著提高生产率以及确保稳定供应的半导体企业提供支持。

第二步:与美国合作研发下一代半导体技术。方案强调,将以 21 世纪 20 年代中后期的实用化为目标,推动与"志同道合"国家(地区)的海外代工厂在前工序(More Moore,微型化超过 2nm)、后工序(More than Moore、3D 封装),以及下一代功率半导体等下一代半导体技术领域进行研发合作。关于日美合作推动下一代半导体技术的研发,日本产业技术综合研究所(AIST)已在筑波成立了 2nm 的研发联盟,美国 IBM 公司则正在进行 2nm 工艺芯片的技术开发,而且美国政府还建立了国家半导体技术中心(政府出资 100 亿美元)。因此,两国在半导体技术领域的合作颇具前景。

第三步:开发可以改变"游戏规则"的领先于世界其他国家(地区)的新技术,并推动开放式创新,以及通过创新创造新优势。该"计划"称,在 21 世纪 30 年代之后,日本有可能改变半导体领域的"游戏规则"并可能主导光电融合技术领域的研发趋势。方案强调,在推动开放式创新方面,日本将通过与比利时的校际微电子中心(IMEC)和 IBM 位于纽约奥尔巴尼市(Albany)的研究实验室的合作,构建自主研发体系,推动与全球企业的产学合作。同时,建立半导体技术的开放式创新研发框架,大力推动日本经济产业省、文部科学省、企业、大学、国立研究机构的合作,以及建立从下一代基础研究(开放)到技术应用的官民协同的研发战略。

二、日本与美国在半导体领域的合作动向

(一)日本与美国在半导体领域最新合作动向

日本经济产业省在"计划"中强调,在半导体供应链强化以及研发中,与盟友以及"志同道合"的国家(地区)的合作至关重要。而近期日本和美国在领导人层面以及政府机构层面已就促进半导体领域的合作取得了积极进展。

2022 年 5 月 4 日,时任日本经济产业大臣萩生田光一与美国商务部部长雷蒙多就两国"半导体合作基本原则"达成一致。

2022 年 5 月 23 日举行的两国领导人峰会同意将基于"半导体合作基本原则",设立下一代半导体研发的联合工作组。

2022 年 7 月 29 日,两国召开首次经济版"2＋2"部长级会议,计划成立半导体联合研究中心,以开发和保护关键和新兴技术。作为日本方面的一项举措,日本政府宣布设立半导体研发机构"前沿半导体技术中心"。

2022 年 6 月 7 日,日本政府在"2022 年经济和财政管理与改革基本政策"(俗称"骨太方针")的"第三章:应对国内外环境变化"有关"强化经济安全"的内容中提出:"将向负责开发和实施对下一代至关重要的技术(例如尖端和敏感技术)的私营企业提供支持,包括增资。根据日、美领导人协议,除了扩大先进半导体基地和人才培养,还将在 21 世纪 20 年代后半期建立下一代半导体的设计和制造基地。"

2022 年 10 月 3 日,日本首相岸田文雄在第 210 届国会会议上发表施政演说。在有关"促进经济增长的投资与改革"的相关章节中提出,被称为工业之米的半导体,预计将产生巨大的经济效益,创造就业机会,是经济安全的基石,也是他们未来特别关注的领域。台积电在熊本的半导体工厂预计将产生超过 4 万亿日元的经济效益,并在 10 年内为该地区创造 7000 多个就业机会。在日本的半导体领域,需要在 10 年内增加 10 万亿日元的公共部门和私营部门投资。在当前的综合经济措施下,将推动以日本和美国为核心的下一代半导体的联合技术研发和量产,以及后 5G 等尖端技术的研发。

(二)关于日本、美国"半导体合作基本原则"

2022 年 5 月 4 日,时任日本经济产业大臣萩生田光一与美国商务部部长雷蒙多举行会谈,双方就有关两国"半导体供应链合作的基本原则"发表联合声明。两国将基于以下原则共同推进半导体供应链建设:

(1)以开放的市场、透明度和自由贸易为基础;

(2)两国及其他"志同道合"的国家(地区)要共同努力,增强供应链韧性;

(3)以双方认可和相互补充的形式进行合作。

声明最后强调,需要加强与"志同道合"的国家(地区)以及两国在提高半导体的生产能力、促进人才培养、提高透明度、协调应对半导体短缺的应急措施等方面的合作。

三、"计划"内容

（一）"计划"的目的

"计划"的目的就是确保 2nm（1nm 等于 10 亿分之一 m）制程的下一代半导体的稳定供给。而目前日本企业只能生产 40nm 左右制程的半导体。此前,吸引台积电到日本熊本县建立的工厂也仅仅计划生产 12nm～28nm 制程的半导体。最尖端半导体已从 Fin 结构转化为 GAA（Gate-All-Around,环绕式栅极）结构,由于结构发生巨变,因此要实现尖端半导体的量产需要高度复杂的生产技术。10 年前,日本没有实现 Fin 结构半导体的量产,如今是日本再次参与下一代半导体市场的最后机会。为了实现这一目标,需要采取包括吸引台积电等先进半导体企业来日建厂,扩大日本生产基地等组合措施。

(二)"下一代半导体项目"的形成机制

"计划"强调,将构建实现下一代半导体(2nm制程)的短周转时间(TAT)试验线质量生产基础系统,包括:

1.建立与尖端半导体设计、尖端设备和材料等关键技术有关的开放式研发基地,即前沿半导体技术中心;

2.建立大规模生产基地,启动着眼于未来的大规模生产系统,即为新成立的Rapidus株式会社提供政府资金。

(三)联合研究项目组的成员

1.海外学术研究机构与企业,包括美国国家半导体技术中心(NSTC)、IBM、IMEC等研究机构与企业。

2.日本国内的研究机构和企业,包括半导体用户机构、数字设计机构,以及半导体生产、制造设备、原材料有关的机构等。

（四）建立前沿半导体技术中心

作为实现下一代半导体量产技术的研究开发基地，日本政府将设立"前沿半导体技术中心"。与 NSTC 等海外研究机构加强交流与合作，构建与国内外相关机构的开放式研发平台，促进短周转时间（TAT）以及 2nm 制程半导体相关的技术开发以及项目实施。日本政府称，设立该研究机构的目的是加强包括国立研究机构、大学以及企业在内的日本半导体相关产业的整体竞争力。LSTC 的理事长是东京电子前社长东哲郎，学术界代表是东京大学教授、日本物理学家五神真，其主要成员如表 1 所示。

日本政府在 2022 财年的第二个补充预算案中提出，将划拨约 3500 亿日元用于发展 LSTC，并将与日本国内和国际企业及研究机构合作。

表 1　前沿半导体技术中心的主要成员①

姓　名	职　务	概　要
东哲郎	理事长	东京电子前社长
王神真	学界代表	东京大学教授、日本物理学家
黑田忠广	研发计划委员 设计技术开发部部长	确立最先进的半导体电路设计技术
平本俊郎	研发计划委员 设备技术开发部部长	GAA 以外的尖端晶体管技术的开发
须川成利	研发计划委员 工艺/设备技术开发部部长	实现短周转时间(TAT)的量产技术的研发
知京丰裕	研发计划委员 材料开发部部长	为实现 GAA 结构以及尖端封装技术的原材料的开发
菅沼克昭	研发计划委员 3D 封装技术开发部部长	前工序开发以及联动 3D 封装技术的建立
昌原明植	研发计划委员	
小池淳义	研发计划委员	

(五)日本下一代半导体量产制造基地

　　"计划"提出,为了建立下一代半导体的量产制造基

---

① 日本产业技术综合研究所(国立研究机构)、东北大学、筑波大学、东京大学、东京工业大学、大学共同利用机构——高能加速器研究机构、Rapidus 株式会社。

地，将聚集日本国内顶尖的技术人员，在主要企业的投资下成立新公司，即 Rapidus 株式会社。目标是与 LSTC 的设立相结合，完善日本下一代半导体量产的基础。新成立的 Rapidus 株式会社主要生产用于超级计算机和人工智能（AI）等的下一代半导体，出资企业共有 8 家，分别是丰田汽车、索尼集团、NTT、软银、NEC、电装、三菱日联银行和铠侠，合计出资 73 亿日元。新公司由东京电子前社长东哲郎担任会长，由之前担任美国西部数据（Western Digital）日本公司社长的小池淳义担任社长。Rapidus 株式会社计划在 10 年内投入 5 万亿日元进行设备投资，还将着力培养支撑日本半导体产业的人才。虽然国产化势在必行，但 21 世纪 10 年代日本并未投入资金进行最尖端半导体的研发，因此在国际竞争中败给了对手。正如 Rapidus 株式会社社长小池淳义所言，这家新企业是日本挽回 10 年技术空白的"最后机会"。

日本推进上述国产化"计划"瞄准的是对汽车自动驾驶和 AI 起到"大脑"作用的下一代逻辑半导体。半导体的电路线宽越小，性能越高。新成立的 Rapidus 株式会社负责将研究成果与量产联系起来，在努力建立生产下一代半导体所需技术的同时，确保制造能力，目标是 2027

年实现 2nm 制程半导体的国产化。目前,台积电和三星电子已确立了 3nm 制程半导体的量产技术,还计划 2025 年量产 2nm 制程的半导体。正如 Rapidus 株式会社社长小池淳义所言,"Rapidus 将确立 2nm 半导体的制造技术,并且五年后将在日本实现最尖端产品的代工"。

(六)"下一代半导体项目"推进方法

日本政府在"计划"中明确,将通过日本新能源和产业技术开发机构(NEDO)的"后 5G 信息和通信系统基础强化研究和开发项目"中的"先进半导体制造委托项目",为下一代半导体的研发和量产(Rapidus 株式会社)提供 700 亿日元的政府资金。Rapidus 株式会社将利用上述资金,致力于以下技术的开发:基于日美合作的 2nm 制程半导体的集成化技术和短周转时间制造技术。具体而言,Rapidus 株式会社将与美国 IBM 公司等尖端半导体生产巨头合作,进行 2nm 制程逻辑半导体的技术开发,构筑国内短周转时间试点生产线,并通过测试芯片进行验证;2022 年度,获得 2nm 制程的技术要素,引进极紫外

（EUV）光刻机，制订短周转时间（TAT）生产系统所需的设备、搬运系统、生产管理系统的规格，实施试点生产线的初期设计；在研究期间结束后，将以其研究成果为基础，推动尖端逻辑半导体的商业化。

（七）有关下一代半导体研发项目的时间表

"计划"强调，通过日美首脑会谈设立的日美联合特别工作组促进下一代半导体的发展，继续推动日本经济产业省和美国商务部就上述工作组的合作。与此同时，NSTC 和 LSTC 的合作，是谋求两国有关下一代半导体研发合作的最佳实践。此外，从产品研发到量产，继续促进两国在政府以及企业层面的角色分工和密切合作。

《欧盟芯片法案》主要内容综述

摘要:2022 年 12 月 1 日,欧盟理事会通过了欧盟委员会《欧盟芯片法案》提案的修订版。该法案计划大幅提升欧盟在全球的芯片生产份额,目标是到 2030 年,欧洲在全球芯片生产中所占份额提升至 20%。而目前仅占 8%。

一、法案基本情况

2021年9月，欧盟委员会主席乌尔苏拉·冯德莱恩（Ursula von der Leyen）在其国情咨文演讲中首次宣布了《欧盟芯片法案》的立法计划，设定了欧洲芯片战略愿景，试图共同创建一个包括研究、设计、测试和生产在内的最先进的欧洲芯片生态系统。欧盟委员会于2022年2月8日发布的《欧盟芯片法案》被视为通向这一愿景的基石。2022年10月10日，欧盟委员会与27个成员国就欧洲半导体价值链举行利益相关方磋商。①

《欧盟芯片法案》提案共分为八章：第一章为总则。第二、三、四章为该法案的核心内容。其中，第二章确立了"欧洲芯片倡议"，将加强欧盟半导体生态系统的竞争力、韧性和创新能力；第三章规定了集成生产设施和开放

---

① European Commission. European Chips Act: Commission and Member States Launch a Stakeholder Consultation on the European Semiconductor Value Chain[EB/OL]. (2022-10-10)[2022-12-18]. https://digital-strategy. ec. europa. eu/en/news/european-chips-act-commission-and-member-states-launch-stakeholder-consultation-european.

式欧盟代工厂的框架;第四章包含监测和协调半导体供应链,建立应对半导体供应中断的机制。第五章为建立欧盟和成员国的治理体系。第六、七、八章为法案的最后条款。其中,第六章强调了各方有义务保护敏感商业信息和商业秘密;第七章规定了行使授权和执行权的规则和条件;第八章包含对其他法案的修订,包括"数字欧洲计划"。

《欧盟芯片法案》将加强欧盟的半导体生态系统,确保供应链的弹性并减少外部依赖。这是欧盟实现技术主权的关键一步,而且,它将确保欧洲实现其"数字10年"的目标,将其全球半导体市场份额翻一番,达到20%。为此,到2030年,欧盟将增加超过430亿欧元的公共和私人投资。

二、战略目标和实施路径

《欧盟芯片法案》主要围绕五个战略目标。

(一)欧洲应加强其研究和技术的领导地位

加强欧洲研究和技术的领导地位是扩大欧洲现有优势的关键。因为这些研究和技术(如设备制造和先进材料)都是建设下一代生产设施所必需的,而这些设施将服务于整个欧洲工业。

(二)欧洲应建立和加强在先进芯片设计、制造和封装方面的创新能力,并将其转化为商品

为了满足欧洲经济、工业和社会发展的需求,并刺激更广泛的经济创新,欧盟正在寻求确保芯片长期供应的途径。这将包括投资建设试点生产线,以及先进的设计、测试、实验设施和工具,而这些设施和工具可供广泛的利益相关者使用。

(三)欧洲应制订适当框架,到 2030 年大幅提高其产能

预计到 2030 年,欧洲对半导体的产能需求将翻一番。因此,欧洲必须将其产量翻两番才能满足这一需求。然而,要实现这个目标不仅仅是提高产量,更重要的是欧盟要进入芯片的先进制程生产领域,满足用户需求,并开拓新的市场。同时,欧盟还要求欧盟企业在芯片生产过程中考虑环境影响。

(四)为解决欧洲严重的技能短缺问题,应大力吸引新人才和培养熟练劳动力

吸引和培养技能人才对于半导体行业的未来发展至关重要。因此,该法案将确保为欧洲提供一支高素质劳动力队伍。该法案的多项条款都力图为所需人才创造更好的条件,包括先进的设计和制造设备、适配的培训等。

（五）欧洲应开展深入的全球半导体供应链研究

这是《欧盟芯片法案》的关键部分。因为欧盟需确保其能够采取必要措施，有效应对未来国际供应链可能发生中断的情况。要做到这一点，不仅需要对供应链中的需求和压力有更深入了解，还需要建立更加平衡和存在共同利益的国际伙伴关系。在欧盟内部，欧盟委员会计划与各成员国以及所有公共和私人利益相关者密切合作，协调并汇集知识和资源，在欧洲创建一个有弹性的半导体生态系统。

三、三大支柱

《欧盟芯片法案》实施的三大支柱："欧洲芯片倡议"、供应链安全、监测和危机应对。同时，成立一个由成员国代表组成并由欧盟委员会担任主席的欧洲半导体委员会,该委员会将就三大实施支柱向公共部门提供建议。

(一)"欧洲芯片倡议"

《欧盟芯片法案》将建立一个"欧洲芯片倡议"(以下简称"倡议")。该"倡议"将通过支持整个欧盟的大规模技术能力建设和创新,促进尖端和下一代半导体和量子技术的开发和部署,从而加强欧盟的先进设计、系统集成、芯片生产能力,重视初创企业和扩大规模企业,促进实现数字孪生以及向绿色过渡。该"倡议"建立在"数字欧洲"计划和"地平线欧洲"计划的基础上,并对其进行补充。该"倡议"要通过"芯片联合执行机构"(Chips Joint Undertaking)来实施。"数字欧洲"计划支持关键数字领域的数字能力建设,半导体技术有助于数字设备性能的提升,特别是高性能计算、人工智能和网络安全,同时半导体技术也有助于数字创新中心的部署。"地平线欧洲"计划大力支持材料和半导体领域的竞争前研究、技术开发和创新。具体而言,该"倡议"将实现以下五个业务目标。

1.提升先进的大规模集成半导体技术设计能力

这一业务目标将通过以下方式实现：

(1)建立一个可在整个欧盟使用的创新虚拟平台,将现有和新的设计设施与扩展库和电子设计自动化(EDA)工具相结合；

(2)通过不断的创新发展来提升设计能力,例如研发基于开源精简指令集计算机体系结构(RISC-V)的处理器体系结构；

(3)通过整合垂直市场部门,扩大半导体生态系统,为欧盟的绿色、数字和创新议程作出贡献。

2.扩大现有生产线,并开发新的先进制程生产线

这一业务目标将通过以下方式实现：

(1)提高下一代芯片生产技术能力,整合研究和创新活动,并为开发未来技术节点作准备,包括2nm以下的前沿节点,10nm及以下的全耗尽型绝缘体上硅(FD-SOI),以及3D异质系统集成和先进封装；

(2)通过使用新的或现有的试点生产线来支持大规模创新,以试验、测试和验证整合关键功能的新设计概念,例如电力电子的新型材料和架构,以促进可持续能源、更低的能源消耗、更高水平的计算性能;或整合突破性技术,如神经形态和嵌入式人工智能芯片、集成光子学、石墨烯等 2D 材料技术;

(3)通过优先使用新的试验线,为集成生产设施和开放式欧盟代工厂提供支持。

3.提高先进技术和工程能力,加快量子芯片的创新发展

这一业务目标主要通过以量子芯片、试验线以及测试和实验设施的设计库的形式实现。

4.在欧盟范围内建立一个能力中心网络

这一业务目标将通过以下方式实现:

(1)提高能力并为利益相关者(包括中小企业和初创企业)提供广泛的专业知识;

（2）解决技能不足和人才短缺问题，大力吸引新的人才，支持培育一支具备一定技能的劳动力队伍，包括通过再培训等方式提高工人技能等，以提高半导体行业的整体技能水平。

5.开展"芯片基金"活动

通过扩大对"芯片基金"混合机制和欧洲创新委员会的投资，促进半导体产业链中的初创企业、成长期企业和中小型企业的发展，帮助企业获得债务融资和股权。这一业务目标将通过以下方式实现：

（1）提高欧盟预算支出的杠杆效应，在吸引私营部门融资方面实现更大的带动效应；

（2）为资金困难企业提供支持，并巩固欧盟及其成员国的经济韧性；

（3）扩大半导体制造技术和芯片设计领域的投资，并利用公共和私营部门的资金提高整个半导体供应链的安全性。

(二)供应链安全

通过"首创"的集成生产设施和开放式欧盟代工厂,吸引大规模投资,提高半导体制造的生产能力以及先进封装、测试和组装能力,并确保供应链安全和构建欧盟内部市场的弹性生态系统。建立新设施对于保障欧盟的半导体供应和供应链弹性势在必行。此外,它将带来有益的生态系统溢出效应和相互作用,同时对经济产生重大的积极影响。

1.集成生产设施

集成生产设施是欧盟首创的半导体设计和制造设施,包括前端或后端,或两者兼有,有助于保障欧盟内部市场的供应链安全。集成生产设施应符合以下标准:(1)它有资格成为首创的设施;(2)在确保供应链安全和增加合格劳动力方面,其建立和运营对欧盟的半导体产业链有明显的积极影响;(3)它保证不受第三国公共服务义务域外适用的约束;(4)承诺投资下一代芯片。

2.开放式欧盟代工厂

开放式欧盟代工厂是欧盟首创的半导体前端或后端或两者兼有的制造设施,它能够广泛地为欧盟企业提供生产能力,从而有助于欧盟内部市场的供应链安全。开放式欧盟代工厂应符合以下标准:(1)它有资格成为首创的设施;(2)在确保供应链安全和增加合格劳动力方面,其建立和运营对欧盟的半导体产业链有明显的积极影响,特别是考虑到如果有足够的需求,它能够广泛地向欧盟的企业提供前端或后端或两者兼具的生产能力;(3)它保证不受第三国公共服务义务域外适用的约束;(4)承诺投资下一代芯片。

(三)监测和危机应对

在欧盟成员国和欧盟委员会之间建立协调机制,以监测供应链并避免短缺。加强与成员国之间的合作,监测市场发展和预测危机。监测半导体供应、预测需求和短缺,经评估启动半导体供应危机阶段,并通过专门的措施工具箱采取行动。

1. 成员国应对半导体供应链进行定期监测和预警

成员国应根据确定的预警指标,对半导体供应链进行定期监测。同时,成员国应邀请半导体主要用户及其他利益相关者提供有关需求显著波动及供应链中断的信息。在必要的情况下,可以向在半导体供应链上运营的代表性企业组织或个体企业获取信息。如果成员国意识到潜在的半导体危机、需求的显著波动或有任何其他风险因素的具体和可靠的信息,应立即向欧盟委员会发出警报。当欧盟委员会意识到潜在的半导体危机时,应召开欧洲半导体委员会特别会议,评估所处危机阶段,讨论潜在的协调采购方案,并与相关第三国进行磋商或合作,以寻求解决供应链中断问题的方案。

2. 进行风险评估

欧盟委员会应在咨询欧洲半导体委员会后,评估可能对半导体供应链产生破坏、损害或负面影响的风险。在进行风险评估时,欧盟委员会应先确定预警指标。

3. 对主要市场参与者进行监测

成员国应对市场参与者所提供服务或商品的实用性和完整性进行监测。监测内容包括:依赖市场参与者提供的服务或商品的其他联盟企业的数量;对于此类服务或商品,市场上的主要参与者及其在全球市场所占份额;考虑到提供该服务或商品替代的实用性,市场参与者在维持欧盟服务或商品的充足供应水平方面的重要性;市场参与者提供的服务或商品供应中断可能对欧盟半导体供应链和相关市场产生的影响。

4.启动半导体供应危机阶段

当半导体供应链严重中断造成欧盟所需关键商品严重短缺,并且欧盟委员会的评估提供了相关的可靠证据时,欧盟应启动半导体供应危机阶段。欧盟委员会有权要求企业的代表或组织在必要情况下,围绕半导体供应链运营的个体企业提供评估半导体危机和确定潜在缓解措施所需的信息。成员国应与欧盟委员会密切合作,与欧洲半导体委员会就有关半导体供应链的国家措施进行协调。此外,欧盟委员会应在启动危机阶段后的 6 个月内对风险评估进行审查。

5.半导体供应危机阶段的应对

在适当情况下,欧盟委员会可能会要求接受公共资助的集成生产设施、开放式欧盟代工厂或其他半导体企业接受并优先处理与危机相关的产品订单(即"优先级订单")。该义务应优先于公私法下的任何履约义务。如果经营者有义务接受并优先安排优先级订单,则其对因遵守优先级订单而产生的任何违约行为不负有法律责任。作为补充或替代,应有两个或两个以上成员国的要求,欧盟委员会可以代表其充当中央采购机构,为关键部门采购危机相关产品(即"共同采购")。

四、治理体系

(一)在欧盟层面,建立了一个由成员国代表组成并由欧盟委员会担任主席的欧洲半导体委员会

欧洲半导体委员会将向芯片联合执行机构的委员会提供建议;向欧盟委员会提供建议和协助,以交流有关集成生产设施和开放式欧盟代工厂运作的信息;讨论和确定特定的关键部门和技术,解决监测和危机应对的问题,并为拟议法规的一致应用提供支持,并促进各成员国之间的合作。欧洲半导体委员会应支持欧盟委员会的国际

合作,包括信息收集和危机评估,应与根据欧盟法律建立的相关危机应对机构进行协调和交换信息。欧洲半导体委员会每年至少召开一次例会,并且可以不同的组成形式开会,并就不同任务举行单独会议。欧盟委员会可以设立欧洲半导体委员会的常设或临时小组,并邀请代表半导体行业利益的组织和其他利益相关者作为观察员等。同时,欧洲半导体委员会应采取必要措施确保机密信息的安全。

(二)在国家层面,成员国将指定一个或多个国家主管部门

每个成员国应指定一个或多个国家主管部门,明确规定有关部门各自的职责,以确保本法案在国家层面的应用和实施。此外,每个成员国应指定国家联络点行使联络职能,以确保与其他成员国的国家主管部门、欧盟委员会和欧洲半导体委员会的跨境合作。如果成员国仅指定一个主管部门,则该主管部门应是单一联络点。成员国应确保国家主管部门能够根据欧盟和各国法律,与其

他相关国家机构以及利益相关方进行磋商和合作。同时,欧盟委员会也应促进成员国主管部门之间的经验交流。

(三)建立保密和处罚机制

欧盟委员会和成员国主管部门及其官员、雇员(包括在这些部门监督下工作的其他人员,以及成员国其他机构的官员)应对所获得的信息进行保密,特别是要保护知识产权和敏感商业信息或商业秘密。必要时,欧盟委员会和成员国可与已同意双边或多边保密协议的第三国主管部门交换机密信息。对违反本法案规定的保密义务的行为,应通过罚款方式强制执行。为此,还应当根据不履行相关条例义务的行为,规定适当的罚款金额和时效期限。

欧盟发布 2030 年量子技术路线图

摘要：2022 年 11 月，欧洲量子旗舰计划组织发布初步的《战略研究和产业议程》（SRIA）文件，提出了欧盟 2030 年量子技术路线图。欧盟量子技术路线图面向量子计算、量子模拟、量子通信、量子传感和计量四大支柱，对各项技术的研究方向和具体目标进行概述，并设定了 2023—2026 年和 2027—2030 年两个发展阶段。此外，该文件同样关注劳动力发展和标准化等问题。预计欧洲量子旗舰计划组织将在 2023

年发布更全面的 SRIA 文件,统筹欧洲正在进
行的量子技术研发与应用,全面推进量子技术
战略。①

一、基本情况

《战略研究和产业议程》(SRIA)包括三个部分。第
一部分是研究方法。第二部分是 2030 年量子技术路线
图,包括两节内容:一是科技挑战和抱负,概述了量子计
算、量子模拟、量子通信、量子传感和计量这四大技术支
柱,以及围绕这四大支柱的一般性建议;二是量子资源、
创新、工业化和社会影响。第三部分是与欧洲倡议保持
一致,包括两节内容:一是量子技术与芯片法案,涉及量
子芯片专用技术、经典的量子芯片技术(使能技术)、与
芯片法案相关的持续举措、量子计算的例子以及建议;

---

① 量子旗舰官网.欧盟发布初步战略研究和行业议程[EB/OL].(2022-11-21)
[2022-12-22].https://www.quantumcas.ac.cn/2022/1206/c24874a583796/page.htm.

二是量子技术与欧洲高性能计算联合企业(EuroHPC
JU)。[①]

SRIA 的最终目标是为欧盟提供全面的量子技术
(QT)战略,同时考虑并合并所有正在进行的工业和研发
倡议。因此,它基于如下不同的现有倡议,代表欧盟量子
社区内部或与之相关的当前战略和计划:

(1)量子旗舰战略研究议程(SRA),代表欧洲研究共
同体对量子技术的愿景;

(2)QUIC 战略产业路线图(SIR),代表欧盟工业界
的愿景;

(3)欧洲其他主要举措的战略计划,特别是欧洲量子
通信基础设施(EuroQCI)、欧洲量子计算与模拟基础设施
(EuroQCS)和芯片法案。

SRIA 将提出一条实施路径,以采取具体行动,这些
行动与欧盟内部的所有量子技术倡议相关。它还提供了
关于在半导体领域的芯片法案和高性能计算领域的
EuroHPC JU 即将实施的工作计划中开发量子技术的更
具体的建议。

---

① EuroHPC JU(欧洲高性能计算联合企业)是欧盟、欧洲国家和私人合作伙伴之
间的一项联合倡议,旨在在欧洲开发世界级的超级计算生态系统。

二、四大支柱基本情况

（一）量子计算

1. 量子计算各技术层的具体目标

量子计算重组了许多技术层，从量子信息处理的各个模式到这些机器在各种用例中的算法和最终应用。该支柱主要目标是开发性能优于或加速现有经典计算机的量子计算设备，解决与工业、科学和技术相关的特定问题，这些问题可以从量子算法的执行中受益。现有的第一代量子计算设备是含噪声中等规模量子（NISQ）系统，量子比特有噪声，没有量子纠错。未来五年将探索在没有量子纠错的情况下，在量子计算机中实现量子优势。从长远来看,该支柱目标是开发容错量子计算机,以及将这些计算机互连并在它们之间交换量子信息,实际上是在量子计算和量子通信能力的基础上发展"量子互联网"。

量子旗舰将量子计算机从下至上分为硬件、中间件、软件、用户和用例。中间件通过量子比特控制与硬件连接,通过量子 API 和云访问与软件连接。

(1)量子比特的目标

①通过错误缓解方法增强 NISQ 处理机制,实现更深入的算法,朝着纠错的通用量子计算迈进;

②增加量子比特的数量、密度和连通性。提高量子比特的质量,包括更好的相干时间和门保真度;

③设计和实施新的架构,包括 3D 设置,以及新的组装技术;

④进一步使量子计算机小型化和耐用化;

⑤开发可组装和集成大型量子处理器的工业规模制造设施;

⑥演示不同量子计算机之间的互连和信息交换。

（2）量子比特控制

①根据量子处理器的发展，增加可以同时控制的量子比特的数量；

②增加这些控制设备（用户接口、量子比特接口）的集成；

③通过减少对非欧洲来源的材料和组件的依赖，缩短交付周期和降低成本。

（3）量子编译和量子操作系统

①开发具有自动调度功能的量子编译器，将校准和量子纠错编码/解码例程纳入主要量子算法；

②演示多个硬件控制后端的分布式编程能力；

③标准化跨多种技术工作的中间表示框架；

④开发基于 API 和编译器指令（pragma）的混合经典/量子软件堆栈。

（4）量子 API 和云访问

①将量子计算机与 HPC 超级计算机等经典计算系统集成；

②提高欧洲量子硬件在云中的可用性。

（5）量子算法

①使用量子算法和数据准备的参考实现构建用

例集;

②设计提供加速的新算法,特别是针对科学、技术和工业中的相关问题。针对每种新算法进行有关量子比特数、门数和估计运行时间的资源分析;

③构建有助于开发和实施量子算法的软件,例如通过自动生成门序列。

(6)用户端

①提供与行业、学术界和欧洲初创企业的联系;

②从量子计算解决方案供应商处采购产品和服务;

③充当用户和量子算法开发人员之间的协作中心;

④国家(和欧洲)HPC 中心配备了集成的量子计算解决方案,并将其系统互连以实现分布式计算能力。

2.量子计算两个发展阶段的具体目标

(1)2023—2026 年的目标

①演示未来容错通用量子计算机的实用策略;

②确定量子计算具有优势的算法和用例;

③使用错误缓解方法增强 NISQ 处理机制,实现更深入的算法;

④与芯片代工厂和其他硬件供应商(公共或工业)以及软件行业、现有公司和初创企业接洽;

⑤在量子器件物理、量子比特和门控制、利用最优控制理论实现更快更强门、光子学、射频电子学、低温和超导电子学、系统工程、集成、器件封装等方面作出学术和工业研究贡献;

⑥开发基于 NISQ 的系统、量子应用和算法理论、软件架构、编译器和库以及仿真工具的跨硬件基准测试;

⑦在量子计算方面协调工业、代工厂和其他基础设施实体;

⑧促进欧盟范围内与其他领域的联合行动,如材料科学、理论物理、低温物理、电气工程、数学、计算机科学和高性能计算;

⑨针对标准机构(欧盟、国际)。

(2)2027—2030 年的目标

①演示配备量子纠错和鲁棒量子比特的量子处理器,该处理器具有一组通用门,性能优于经典计算机;

②演示具有量子优势的量子算法;

③建立能够制造所需技术的代工厂,包括集成光子学、低温和超导电子技术;

④支持已成立和新成立的仪器制造商和软件公司;

⑤协调材料、量子器件物理、量子比特和门控制、量子存储器、光子学、射频低温和超导体电子、系统工程和器件封装方面的研究、开发和集成;

⑥扩展的量子算法套件,用于软件和硬件不可知的基准测试,包括数字纠错系统,以及优化编译器和库;

⑦演示自动系统控制和调整;

⑧开发集成光学、低温和超导体电子(包括相干光电转换器)的集成工具链(设计到加工)和模块库;

⑨与其他领域协调欧盟范围内的联合行动,如材料科学、理论和低温物理、电气工程、数学、计算机科学,以及越来越多的在潜在应用领域和行业(小型、中型和大型实体)工作的科学家;

⑩针对标准机构(欧盟、国际);

⑪整合工业(中小企业和大型公司)和代工厂;

⑫与欧盟基础设施、大型实验室和项目以及研究和技术组织(RTO)接触。

（二）量子模拟

1.量子模拟的目标与分类

量子模拟是专注于为特定应用而设计和优化的专用机器。特别是,量子模拟器是高度可控的量子设备,帮助人们获得对复杂量子系统属性的了解,或解决经典计算机无法解决的特定计算问题。这些技术有望在量子化学、核物理、材料科学、流体力学、物流、路由以及更广泛的优化领域得到应用。近期可编程设备和量子模拟器也有望在机器学习问题的实例中提供加速,包括量子核和量子分类方案。

量子模拟的不同方法可分类如下:

①数字量子模拟器是通过组合不同的门来近似量子动力学或更一般的量子处理。因此,数字量子模拟器本质上是可编程的,这是由于它从几个基本构建块开始近似目标动力学。

②模拟量子模拟器是在精确控制的物理条件下可再现其他相互作用的量子系统的行为。这些设备可以模拟实际感兴趣的复杂系统,例如工业环境中的复杂网络。

③启发式量子设备旨在为优化问题提供近似解。例如,可编程量子模拟器、退火器、变分优化器或量子近似优化器和 NISQ 设备的变体。

2.两个发展阶段的具体目标

(1)2023—2026 年的目标

①在一系列任务的模拟中展示"量子优势"——这被视为一个重要的里程碑,但不是实际应用;

②提高控制和可扩展性水平,进一步降低各种平台的熵;

③开发量子经典混合架构,允许量子模拟器处理工业和研究创新相关的应用;

④扩大和加强供应链以及关键使能技术的开发;

⑤启动最有前途的量子模拟器的认证和基准测试;

⑥开发软件解决方案,以配合量子模拟器的发展及其特定的应用重点。

(2)2027—2030 年的目标

①与最终用户建立紧密联系,开发更多的实际应用;

②设计适合量子模拟器的错误纠正和缓解技术;

③开发量子模拟器,提供更高程度的控制和可编程性;

④在工业和量子模拟研究之间建立一座桥梁,用模拟范例的语言来翻译工业的问题;

⑤为量子模拟器的认证和基准测试提供一般方法。

(三)量子通信

1.量子网络的组成

量子通信领域旨在设计远程用户之间交换量子信息的工具和协议。量子通信的主要应用之一是基于量子物理定律设计具有安全性的加密方案。有两种选择可以提供量子安全的安全性:第一种,虽然与量子通信本身无关,但抗量子密码技术(PQC)承诺了基于特定数学构造

的难度来保护数据的方法;第二种,量子加密技术(QKD)
提供基于量子物理的安全,并需要量子通信。虽然性质
和成熟程度不同,PQC 和 QKD 提供了互补的优势,但也
有缺点。在不久的将来,PQC 和 QKD 可能会共存,并在
量子安全环境中一起使用。长期目标是实现量子通信基
础设施或量子互联网,通过实现地球上任意两点之间的
量子通信,提供全新的技术。在"经典"互联网的协同作
用下,量子互联网将连接量子处理器,以实现无与伦比的
能力,这被证明是使用经典通信不可能实现的。

2.推进量子通信的举措

量子旗舰的总体愿景是开发一个全欧洲访问的量子
网络,补充和扩展当前的数字基础设施,为量子互联网奠
定基础。为了实现这一目标,将在三个基本方向上推进
量子通信:

(1)性能:提高各种量子通信的比特率、保真度、链路
距离和鲁棒性;

(2)集成:将量子通信与传统网络基础设施和应用相
结合;

(3)工业化:实现有吸引力的价格制造的技术,并在欧洲创造财富和就业机会。

3. 两个发展阶段的具体目标

(1)2023—2026 年的目标

①拓宽 QKD 解决方案的性能、密钥率和范围;

②光子集成电路,具有用于量子通信的高效且成本有效的实验装置;

③空间 QKD 原型有效载荷的部署;

④至少有两个工业化的 QKD 系统在欧洲制造,主要基于欧洲供应链;

⑤部署几个 QKD 城域网;

⑥部署具有可信节点的大规模 QKD 网络;

⑦运行和增强测量设备无关 QKD,如双场 QKD,里程为 500 千米或以上,没有中继器或可信节点;

⑧QKD 的进展:测试、认证、证明可用性条件(如实验室)以确保在光学层面上对侧信道攻击的鲁棒性;

⑨开发联合 QKD 和 PQC 的解决方案;

⑩几家以可持续商业模式销售 QKD 服务的电信

公司;

⑪展示量子信道在其他密码应用中的用途,如私人数据挖掘、安全多方计算、长期安全存储、不可伪造密码系统;

⑫将可靠、小型和廉价的量子随机数发生器集成到经典和量子通信系统中;

⑬实验室外的大规模通信和纠缠分发系统,包括网络管理软件;

⑭量子存储器、处理节点等量子互联网子系统的开发;

⑮电信波长和完全独立节点上的功能基本量子中继器链路的演示;

⑯为量子互联网设计新的应用协议、试点用例、软件和网络堆栈;

⑰QKD 与传统通信解决方案共存,包括多路复用,允许一个光信道用于多种服务(量子和经典)。

(2)2027—2030 年的目标

①QKD 系统的低成本开发、维护和功耗;

②由于市场需求增加,QKD 解决方案的规模扩大;

③用于密钥分发的小型可插拔(SFP)QKD 发射器/

接收器；

④对于独立的发射器和接收器（没有物理安全性），QKD 系统对侧信道攻击具有鲁棒性，包括功耗和热噪声；

⑤将测量设备无关 QKD 作为工业产品远距离部署；

⑥部署连接欧洲主要城市网络的 QKD 网络"骨干"；

⑦由至少一个国家安全机构认证量子安全的安全性，包括可能与 PQC 结合的 QKD；

⑧通用插件的 SFP 服务和软件的认证；

⑨成熟的量子通信基础设施，供组织和公民普遍使用；

⑩天基量子通信基础设施；

⑪支持基本量子互联网应用的多节点量子网络；

⑫在网络中静态和传输中的量子比特之间部署可靠的接口；

⑬扩展通信距离的可靠工业级量子存储器和量子中继器演示；

⑭使用量子中继器的长距离光纤骨干能够连接数百公里以外的城域网；

⑮通过包括量子中继器的量子网络将高级量子网络

应用集成到经典网络基础设施(即编排平台)中。

(四)量子传感和计量

1.量子传感和计量需要解决的核心挑战

量子传感和计量基于利用自然的量子特性、量子现象、量子状态,即它们的普遍性和内在再现性、相关物理量的量化或它们对环境变化的高度敏感性。量子传感器将在许多领域提供最精确的测量,能够提升消费电子设备和服务的性能,包括医疗诊断和成像、高精度导航、地球观测和监控,以及物联网的未来应用。量子传感器有各种各样的类型,例如气体传感器、固态传感器以及单原子传感器。所有这些都具有使其适合特定应用的特定属性,例如,用于重力测量的冷原子、用于高空间分辨率磁力测量的金刚石中的氮空位(NV)中心。各种平台和应用程序的技术成熟度(TRL)差异很大:一些产品已经商用,而某些平台仍处于开发的早期阶段。

传感器的核心概念是通过探针与携带感兴趣属性的系统相互作用,改变探针的量子态。探针的测量可以揭示该性质的参数。量子增强型传感器要么利用经典噪声过程的缺失,使用量子算法提取相关信息;要么使用在特定非经典状态下制备的探针。对所有相关自由度和长相干时间的控制实现了量子限制的分辨率,甚至超过了标准量子限制(SQL)。为了实现"演示超越经典能力的量子传感在现实世界中的应用"这一核心目标,需要解决以下核心挑战:

①开发技术,以实现对所有相关量子自由度的完全控制,并保护它们免受环境噪声和恶意干预;

②识别在噪声环境中表现优于不相关系统的相关量子态,以及可靠的制备方法;

③利用跨学科的专业知识,并与其他领域合作,如信号处理,以进一步提高传感器灵敏度和分辨率的极限,并实施最佳控制协议、统计技术(例如贝叶斯)和机器学习算法。

量子传感器的应用与许多不同的领域相关,包括但不限于高精度光谱学、成像、重力测量或陀螺测量、高分辨率显微镜、磁力测量、时钟及其同步、定位或测温。

2.两个发展阶段量子传感和计量的具体目标

(1)2023—2026 年的目标

①由公司支持的关键使能技术和材料的发展,从分拆公司到大型公司,以及建立可靠、高效的供应链,包括首次标准化和校准工作;

② 芯片集成光子学、电子学和原子学、小型化激光器、阱、真空系统、调制器和变频器的开发。使用纳米制造、功能化和表面化学修饰的材料工程,例如用于生物传感、超纯材料(如金刚石、碳化硅)、掺杂纳米颗粒、色心的合成;

③建立新传感器技术的标准化、校准和可追溯性;

④应用范围扩大的紧凑型电量子标准的原型;

⑤便携式光学钟的原型及其远距离比较,以及在统计和系统不确定性方面超过现有(经典)设备的原子重力仪和陀螺仪;

⑥基于人造原子(如色心、量子点)或量子光机械和电子系统的便携式电场、磁场、射频场、温度和压力传感器原型;

⑦量子增强、超分辨率和/或亚散粒噪声显微镜、光谱和干涉测量以及量子激光雷达和雷达的桌面原型；

⑧工程量子态（如纠缠态）在现实世界应用中的实际用途的实验室演示，由现实世界噪声情景的理论建模与抗噪声量子态和算法的识别支持，例如通过采用机器学习算法、贝叶斯推理和量子纠错进行传感。

（2）2027—2030 年的目标

①使能技术和材料工程不断发展，以提高技术水平并向市场推广量子传感器；

②在仪器中集成用于自校准的量子测量标准；

③在代工厂建立关键技术的定制流程，为更多的研究人员和公司提供创新机会；

④基于用于生物医学应用的功能化材料或用于感应电场和磁场的集成原子芯片，制造光学和电子集成芯片实验室平台；

⑤量子增强测量和成像设备、纠缠时钟、惯性传感器和量子光机传感设备的实验室原型；

⑥商业产品，如改进磁共振成像的磁力计、量子增强型超分辨率和/或亚散粒噪声显微镜、高性能光学时钟和原子干涉仪、量子雷达和激光雷达；

⑦开发量子传感器网络以及星载量子增强型传感器,包括光学时钟、原子和光学惯性传感器。

报告针对上述四大支柱的建议:

①巩固量子通信和量子计算活动,以协同方式扩大两个支柱的能力;

②在量子模拟和量子计算之间以及与量子计量学和传感之间建立密切联系,特别是通过行业目标路线图;

③促进与最终用户相关的用例演示;

④确定预期具有量子优势的实际相关问题。

在公认的研究范围内将 Europractice 解决方案扩展到商业合作伙伴,以合理的成本促进原型的开发:

①确定行业合作伙伴的准确需求和期望;

②提高欧洲工业界对量子模拟的普遍认识;

③支持开发开放标准,以更好地链接项目并使技术转让更容易;

④支持战略使能技术;

⑤保持对资源的平等获取——无论是对量子计算机还是对技术。

三、量子资源、创新、工业化和社会影响

（一）基础量子科学

虽然一些量子技术已经达到相当成熟的水平，甚至已经进入市场，但至关重要的是继续研究开放的科学问题——包括实验和理论——以开发更多的应用程序，并确保量子技术演进的灵活性及其长期影响。新科学为量子技术提供了新思路，发展量子技术也激发了新科学需要解决的新问题。

基础量子科学的目标：

（1）改进对量子经典跃迁和退相干机制的理解；

（2）探索量子技术可以成为优势的新概念和系统，例如在生物学、化学和热力学系统以及已建立的应用领域；

（3）示范新型量子信息技术，并将其转移到应用领域

或开辟新领域或研究和创新;

(4)长期目标是继续努力为量子技术领域的潜在增长开辟新途径。

(二)工程与使能技术

1. 2023—2026 年的目标

①展示在工业级设施中制造的量子设备的性能,可与专业(例如)大学洁净室的最先进技术相媲美;

②在(如果可能)已建立的制造设施中使用合适的工艺,提高量子器件的产量和均匀性并确保其功能性能;

③改善制造和包装设施的可及性和流线化;

④改进关键使能技术的关键性能指标,以及降低成本、尺寸等;

⑤开发非平凡脉冲形状的控制校准方法;

⑥控制方案的分析设计及其有效描述的开发,以促进分析和数值设计和改进;

⑦众多平台中数值优化控制和实验的收敛,包括校准不确定性和其他实验约束的处理。

2. 2027—2030 年的目标

①展示大规模制造的系统,将量子设备与一系列经典(光学/电子)设备完全集成;

②开发稳定和控制复杂的、基于纠缠的网络的方案;

③理论上从简单到复杂的控制脉冲的模块化方法和实验中改进的脉冲整形;

④实施可靠的策略来控制细观系统。

(三)教育与劳动力发展

为确保足够的劳动力以支持欧洲量子科学和产业的发展而采取的行动可分为三个部分:

(1)职业教育和劳动力培训路线图,支持量子产业的职业发展;

(2)广泛的学术教育的路线图;

(3)为全球招聘量子人才提供有利条件。

(四)标准化

量子技术的标准化可以通过提供与现有基础设施、系统和组件的可靠性、一致性和互操作性来帮助加速市场吸收。

标准化不仅涉及构成认证基础的要求,还涉及词汇、术语、质量基准、模型、交换协议以及更多主题。鉴于其他国家对国际标准化机构的强大影响,欧洲必须积极主动地制订标准,以免被迫适应可能会惩罚欧洲技术的外国标准。

(五)资金来源:私人和公共

麦肯锡的最近的一项研究发现,目前,在量子技术领域,欧洲企业约占全球初创企业和中小企业的25%,与美国持平,但仅吸引了该行业5%的私人投资,约为美国的类似公司的 1/10。这种不平衡应予以纠正。欧洲投资银行(EIB)、欧洲创新理事会(EIC)和欧洲投资基金(EIF)，以及国家级公共资助组织，可以在欧洲相对于美国更公平地获得资本方面发挥重要作用。

(六)知识产权

商业竞争涉及知识产权(IP)领域的竞争。加强欧洲公司在这一广阔的全球格局中的地位，是未来成功的重要基石。这方面的行动包括：

①支持欧洲专利局对不同量子领域的知识产权状况进行广泛调查，分享其他深度技术部门的最佳实践，并提供初步的运营评估自由。

②审查符合量子技术特点的标准专利审批做法，以支持欧洲公司在全球知识产权格局中相对于外国对手的竞争优势，此处应特别注意供应链。

③鼓励主要专利局(如欧洲专利局和美国专利商标局)为有价值的知识产权申请专利保护，包括为中小企业提供专用基金(如目前由欧盟首次公开募股管理的基金)

和欧盟资助的学术研究的特定资金流。

(七)国际合作/出口管制条例

地缘政治是影响全球量子市场演变的一股越来越大的力量。尽管一些量子技术更成熟,并有成为成熟技术的趋势,如重力传感器,但多数量子技术仍处于初级阶段。出于对未来潜力的担忧而不是对当前表现的担忧,及早而广泛地应用出口管制法规,可能会完全阻止某些量子技术行业的增长。因此,重要的是欧洲委员会应与志同道合的国际伙伴(特别是美国),通过新成立的贸易和技术委员会,就量子产业的共同办法进行早期讨论。

智库报告:战略竞争新时代

  摘要:2022 年 11 月 30 日,美国兰德公司发布《战略竞争新时代》①的报告(以下简称"报告"),从四个方面描述了新时代战略竞争的分析框架,分别是整体背景、国力和竞争力、国际地位和影响力以及双边竞争的形式和地位。本文将关注报告基于上述研究框架的分析,尤其是作为国内决定因素的国家实力和竞争力衡量标准所涉及的指标及分析情

---

① RAND. Understanding a New Era of Strategic Competition[EB/OL]. (2022-11-30)[2022-12-26]. https://www.rand.org/pubs/research_reports/RRA290-4.html.

况，如国家整体生产能力以及构建前沿技术的能力分析，与作为国际决定因素的国际地位和影响力衡量标准所涉及的指标及分析情况，如有关经济状况和参与度、关键国家联盟的相关分析。

一、背景、研究目标及研究框架

报告首先指出，与其他大国的战略竞争已成为美国外交和国防政策的核心挑战，但对于"竞争"最本质的内容、最重要的优先事项以及各国如何取得成功，目前还没有达成一致意见。部分挑战在于，自冷战结束以来，美国在管理地缘政治竞争方面已缺乏实践。2002 年版美国国家安全战略认为："国际社会拥有自 17 世纪民族国家崛起以来的最佳机会，可以建立一个大国和平竞争而非不断备战的世界。"这意味着美国基本上宣布大规模的国家竞争已成为过去。报告称，历经 1945—1950 年以后，美国一直未见证一个全新的地缘政治竞争新时代的开始——这种新兴的竞争形式比冷战时期的双边竞争复杂得多。而且,在2017年的《美国国家安全战略》以及2018年的《美国国防战略》发布后,美国仍然缺乏一个用来理解大国之间战略竞争的明确框架。简而言之,虽然人们普遍认为美国正处于战略竞争新时代,但这种竞争意味着什么、可以采取什么形式或者美国如何才能最好地定位自身,还没有一个清晰的认识。

研究团队提出了四个研究目标:(1)开发一个以研究为基础的框架(如表1所示),以了解竞争并评估其状态;(2)按框架建议的类别收集数据,以提供当今竞争的全貌与竞争的走向;(3)确定竞争的决定性领域,并评估这些领域的竞争现状;(4)制定和全面了解与竞争相关的政策选择。

表1　报告的研究框架

指标	具体内容
竞争的整体背景:了解国际背景的各个方面(例如地缘政治和经济)和趋势,及如何塑造战略竞争环境	• 地缘政治 • 社会方面 • 经济方面 • 军队方面 • 环境方面

续表

指标	具体内容
国家实力和竞争力:评估作为各国竞争实力关键指标的相对地位	• 国家的整体生产能力 • 构建前沿技术的能力 • 财政的灵活性 • 治理的有效性 • 军事资源的水平和有效性
国际地位和影响力:评估当前的国际地位、来源和潜在驱动因素	• 经济态势和参与状况 • 军事态势和参与状况 • 区域和远征应急能力 • 范式和意识形态竞争 • 关键国家的联盟
映射双边竞争:评估和衡量相互对抗的领先领域和竞争现状	• 核心国家利益 • 利益冲突或交叉的领域 • 各领域的竞争频率

二、国家实力和竞争力的衡量标准

兰德的研究团队审查了多个指标,以评估赢得竞争的国内决定因素的现状,目标是确定一个子集,从而更集中地评估国内竞争优势特征的状态。研究团队使用了多种方法来实现上述研究目标,包括经典的经济理论、经过经验验证的国家权力指标、评估重叠和相互包容的过程、指标结果以及确定异常值等。主要的指标包括：

（1）按购买力平价（PPP）和市场汇率（MER）计算的国内生产总值（GDP）；

（2）GDP 增长率；

（3）人均 GDP；

（4）劳动生产率；

（5）每个工人的附加值；

（6）家庭支出增长、人均消费增长率；

（7）资本形成机制、资本与资产比率、固定资本和总资本形成与增长的关系；

（8）私营部门可获得的国内信贷；

（9）国民储蓄率及国民储蓄额占 GDP 的比率；

（10）不良贷款的数量、金额；

（11）关键技术领域；

（12）贸易总额、进出口水平、占 GDP 的比重；

（13）国民财产总额；

（14）政府支出占 GDP 的百分比；

（15）公共和私人债务水平、外债总额；

（16）净外国资产、官方储备；

(17)并购活动;

(18)自然资源进出口情况;

(19)按货币分类的外汇储备;

(20)货币互换,特别是涉及人民币的互换情况;

(21)社会群体之间的不平等;

(22)防止人才流失的措施;

(23)政府开支占 GDP 的比重;

(24)国家研发投资、公共和私人研发投资、研发投资占国内生产总值的比重;

(25)专利、工业品外观设计申请量;

(26)核武器的数量和能力;

(27)国防开支及其占 GDP 的比重;

(28)主要社会机构合法性的民意调查数据;

(29)关于政府和特定机构合法性的民意调查数据;

(30)衡量公共政策、公务员制度有效性的措施;

(31)法律得到尊重和执行的程度;

(32)防腐败措施;

(33)教育参与度;

(34)一流大学的数量;

(35)出口技术成熟度;

（36）制造业技术成熟度指数。

1.一个国家的生产能力是衡量其竞争力的第一个因素

报告称,历史和理论均提供了清晰且一致的信息,即一个国家的基本经济产出是其竞争力的重要基础,而衡量此类产出的最常见指标就是GDP。评估一个国家的实力从对该国GDP的某种衡量标准开始,并以某种方式结束。尽管一些国家在通过整体经济实力增强其竞争力方面做得更好,但GDP确实为评估整体竞争力提供了基线。同样,维持和加速经济绩效的政策是任何竞争战略的起点。

2.一个国家开发、生产和使用前沿技术的能力是决定其竞争力的第二个因素

报告称,大国竞争的历史证据表明先进技术发挥了关键作用:主导这一时期关键产业的国家成为创新和技术开发及应用的全球领导者,往往会获得军事和

地缘政治优势。报告认为,自新中国成立以来,科学技术的进步一直是中国战略的一部分;在过去的 20 年里,中国将大量资源投入研发(R&D)、高科技产业、购买知识产权和成熟技术,以及其他促进高科技进步的途径。其结果显而易见:中国在研发支出、专利申请、研究成果和竞争性技术企业方面获得了可衡量的成果。还有一些指标表明,尽管中国在高科技领域取得了巨大进步,但美国继续主导技术竞争的关键方面,中国在几个重要的技术领域仍然落后于美国。如在 AI 等领域,中国在系统创新和活力等关键指标方面仍落后于美国。

3.财政的灵活性是决定一个国家竞争力的第三个因素

报告称,一个国家竞争力的第三个决定因素是政府财政的灵活性,这对竞争行动的投资至关重要。美国财政状况的一个显著变化来自历史性低利率的影响。美国国会预算办公室(CBO)最新的预测表明,到 2051 年,美国联邦债务总额将达到 GDP 的 185%。如果现行法律不变,美国联邦债务的利息支出预计在 2023 财年至 2032 财年间平均每年达到 8080 亿美元,并且到 2052 年利息支出占 GDP 的比重将达 7.2%。

4.决定一个国家竞争力的第四个因素是国家机构的质量,即治理的有效性

报告指出,缺少良好的制度导致许多国家无法将资源转化为有效的国家权力和影响力。研究团队列出了一些公认的指标,包括客观指标和民意调查,用于评估国家机构的质量。

三、国际地位和影响力的衡量标准

报告称,评估竞争对手在国际体系中获得或失去相对影响力的程度,对于衡量其竞争力具有重要作用。如果说一个国家的经济实力中国内衡量指标是其战略竞争的一个重要组成部分,那么国际地位和影响力的衡量则

成为另一个重要组成部分。对于国际地位和影响力的衡量能够了解竞争对手的国家能力和战略在相对竞争态势中发挥作用的方式。研究团队就国际地位和影响力的衡量列出了四个关键指标,以了解竞争对手关键领域以及当前的竞争状况。

在这部分研究中,研究团队审查了美国、中国和俄罗斯当前和未来在国际地位方面的多个指标:

(1)PPP 和 MER 计算的 GDP;

(2)进出口总值及其占 GDP 的比重;

(3)对中国进出口额占亚洲国家进出口总额的比重;

(4)自然资源的进出口额;

(5)按货币分类的外汇储备;

(6)货币互换,特别是涉及人民币的互换情况;

(7)参与国际机构的情况;

(8)参与自由贸易协定的情况;

(9)联合国投票模式;

(10)政府关于关键政策问题的公开声明和官方立场;

(11)外国直接投资(FDI)流入、流出;

(12)FDI 存量(入境和出境);

（13）私营企业投资模式；

（14）投资的行业构成；

（15）投资的区域和国家构成；

（16）绿地投资；

（17）主要参与者和机构的公众好感度：美国、俄罗斯、中国、欧盟、联合国、北约；

（18）亚洲对与中国的关系、伙伴关系或竞争的看法；

（19）对外援助计划、趋势；

（20）美国、俄罗斯、中国及其盟友的相对军事资源；

（21）区域军事突发事件中竞争优势的来源。

1. 经济形势和参与度

竞争力的第一个国际性决定因素是一个国家的经济形势和参与度，该因素关注的是在关键经济类别中的相对竞争地位，例如国内贸易、FDI 和经济援助的比重，即衡量一个国家通过贸易和区域金融相互依存产生国际实力的能力。

2.关键盟友以及与合作伙伴的结盟

竞争力的第二个国际性决定因素是一个国家在多大程度上获得其他国家的积极或默示支持以及地缘政治联系。该因素涉及世界政治的整体一致性,即在联盟、伙伴关系、共同利益和其他地缘政治取向的衡量标准方面。拥有更强大和更可靠的盟友和合作伙伴的国家在历史上往往获得巨大的竞争优势。自1945年以来,这一因素可以说是美国的主要竞争优势:美国在最重要的安全问题上与占世界GDP和军事力量占主导地位的国家保持一致。这种结盟是否仍然有利将是新时代战略竞争的关键因素。

3.意识形态和范式的影响

竞争力的第三个国际性决定因素是一个国家对主流范式的思想、规则、规范和制度施加主导影响的程度,包括公众对大国的态度、在国际机构中的作用以及意识形态亲和力指数等。

4.军事接触和态势

竞争力的第四个国际性决定因素是全球和地区的军事态势以及大国军事接触程度,包括基地、准入协议、军事演习和训练任务等。主要大国的相对全球军事态势是衡量竞争优势的基础,这些与军事力量的直接比较无关,而是每个大国军事存在的竞争架构。其中,军事合作包括海外军事援助和演习/军事接触活动。通过安全合作获得影响力和战略优势可提供潜在的持久竞争优势。

四、绘制双边竞争图景

1.国家利益、竞争的融合领域和美国的目标

报告有关历史和理论的研究提供了关于战略竞争

和对抗一般运作方式的见解,并且试图了解获得竞争优势国家的特定竞争的性质。为此,报告概述了:(1)美国、中国和俄罗斯的核心国家利益。(2)各自的国家目标。研究团队定位并绘制了从上述利益中出现的特定竞争领域。(3)报告为每个冲突领域确定了美国的政策目标。

2.报告所确定的竞争领域

表 2、表 3 列出了报告所确定的美国与中国、美国与俄罗斯最重要和最常见的竞争领域。

表 2   美国与中国竞争的优先领域

竞争领域	具体内容
最重要	(1)美国媒体和政治机构的独立性 (2)保持国防相关技术的领先地位 (3)维持与战略合作伙伴的积极合作 (4)在亚洲的经济影响 (5)在全球和区域金融和技术机构中的领导地位 (6)在国际组织中的领导地位
最常见	(1)国际规范和规则 (2)在主要国家的经济和政治影响 (3)对于重点国家结盟的影响 (4)在国际机构中的影响力或主导地位

表3　美国与俄罗斯竞争的优先领域

竞争领域	具体内容
最重要	(1)保持安全的核平衡 (2)对欧洲安全秩序的影响 (3)保持网络力量的有利或稳定平衡 (4)控制国际金融体系
最常见	(1)国际规范和规则 (2)对于重点国家结盟的影响 (3)在主要国家的经济和政治影响 (4)欧洲地区的军事平衡 (5)经济政策和规范 (6)在国际机构中的影响力或主导地位

3.双边竞争的结果

(1)国际体系领导力竞赛

竞争的核心反映在争夺主导国际体系中权力和影响力的首要来源——制度、贸易和资金的流动性以及管理它们的组织和过程、货币权力、规则和规范、价值观等方面。从许多方面来说,这场竞争是对国际体系领导地位以及在该体系内的主导声誉和合法性的争夺。

(2)争夺主要地缘政治参与者的联盟

竞争在一定程度上是与主要地缘政治参与者的价值取向和基于实际利益的结盟的竞争。影响结盟的一些因素已成为确保美国竞争力的关键优先事项,包括投资于必要的工具,例如经济援助、安全援助、伙伴关系和参与度、外交权力工具,以及塑造叙事和观点的信息工具。

(3)新兴技术主导地位的竞争

对于影响竞争因素的分析,再次强调了在关键新兴技术领域争夺领导地位的重要性。

(4)突发、意外危机的风险不断增加

兰德的研究团队分析表明,有限的利益冲突导致突发和意外危机的风险正在增加。

五、结论

(一)报告得出的主要结论

第一,美国要赢得战略竞争,国力基础、经济实力、主导产业和前沿技术的竞争地位是所有其他竞争优势的基础,而应对腐败的信息环境、社会两极化及日益加剧的不平等等主要国内挑战,是美国获得全球领导地位和竞争优势的先决条件。

第二,在许多方面,战略竞争围绕着国际体系的基本特征,包括制度、规则、规范和价值观,而美国必须优先考虑在这些领域的竞争力。

第三,随着时间的推移,印度、欧盟和更强大的日本也将跻身世界领先大国的行列。

第四,多边主义可以成为美国增强竞争优势和力量的有力工具。

第五,在军事方面,美国在竞争中面临的最大风险是对手将开发尖端技术以威胁美国现有的作战概念,而对于外部的依赖将阻碍美国获取竞争力。

第六,信息安全日益成为赢得竞争的重要基础。

第七,在竞争的主要领域,美国政府机构之间需要加强合作,包括采取组合措施加强战略竞争的非军事工具的使用。

（二）确保美国竞争力的两大优先投资领域和政策

1.报告总结了对于增强美国竞争优势具有重要价值的优先投资领域，即国家和国际投资

（1）维持国家的有效生产能力；

（2）维持经济和金融实力及灵活性；

（3）在新兴技术和行业中保持领先地位或保持较高的份额；

（4）保护美国本土、盟国和合作伙伴的信息环境；

（5）领导强大的正式联盟；

（6）在国际经济秩序中享有主导地位；

（7）召集并维持世界政治中主要大国的主要友好联盟（除了正式盟友）；

（8）开发工具和技术以在战争门槛以下参与持续的地缘政治和地缘经济竞争；

(9)在全球机构和规则中保持领先影响力。

2.在国防投资方面,报告确定了以下优先领域

(1)避免前沿技术在军事应用上的显著滞后;

(2)避免受产生决定性军事效果的一揽子新技术和作战概念的影响;

(3)投资于军事和准军事能力,以在重大战争门槛以下与对手竞争;

(4)投资、促进及深化相关国家联盟;

(5)发展概念和联合部队能力,以实现区域突发事件和远程力量投射任务中的短期和长期特定目标。

报告尤其强调,美国的国家安全政策已经意识到新时代战略竞争中出现的一些新问题并采取行动:加强与盟友的联系,投资基础设施和关键技术领域,努力增强信息弹性,并解决美国在稀土材料、能源和半导体等领域的对外依赖问题等。

报告建议美国政府在一些相对未获得充分重视或资源获取不足的领域做出努力:

(1)机构改革,确保每一分钱的支出都发挥最大的作

用。报告建议美国在采购和收购、人才管理和机构协作等方面继续进行机构改革,以获得长期的战略竞争基础;

(2)愿意承担风险以加深联盟的有效性。在武器和技术转让以及信息共享等领域,美国与盟友的合作仍存在许多障碍,并阻碍了一些新兴国家在安全领域与美国进行更密切的合作,部分原因是它们无法及时获取所需的设备;

(3)在未发生战争的情况下,赢得竞争的能力、战略和机构设置。在信息、经济和外交治国战略方面,美国在设立强大的机构和项目并为其提供充足资金方面明显滞后;

(4)创新的防御策略和概念。新兴的作战方式强调在联合部队的各个部分和多个活动领域之间协调取得作战效果,因此需要整合军事效果的概念;

(5)有效利用"对冲"的战略和政策。

美国国家竞争力的
10 年中期挑战

2022 年 9 月 12 日，前 Google 首席执行官创立的"特别竞争研究项目"（SCSP）发布研究报告《美国国家竞争力 的 10 年 中 期 挑 战》（Mid-Decade Challenges to National Competitiveness）。[①] 该报告概述了中美技术竞争的利害关系，并提出了加强美国竞争力的建议。

---

① Special Competitive Studies Project. Special Competitive Studies Project Releases First Report (Sept 12,2022) [EB/OL]. (2022-09-12) [2022-12-27]. https://www.scsp. ai/2022/09/special-competitive-studies-project-releases-first-report-sept-12-2022/.

报告总结了美国面临的六大挑战，其中三个挑战是美国追求技术创新的基础，将技术优势转化为经济实力和繁荣的技术工业战略。这表明美国对科技竞争的态度从被动和防御性转变为议程设置的模式。另三个挑战涉及美国治国之道的外交政策、国防和情报工具，这些工具在全球范围内保护和扩大国家竞争力，技术竞争正在改变地缘政治格局，竞争的工具必须调整。

一、利用创新的新模式

报告认为，美国不能在生物技术、智能制造、新能源生产和储存等下一个关键技术上继续落后，如果没有全国性的计划，美国将只能以零碎的方式解决这些问题，这会令美国处于战略劣势，令美国没有自信能够主动应对"下一个 5G"，因此，展望 2030 年，美国必须尽快采取行动，预测趋势并领先于趋势。值得注意的是，报告认为，下一波创新浪潮将把物理、数字和生物技术领域融合在一起,例如人工智能正在推动药物发现、化学和聚变能方面的进步;合成生物学正在从健康扩展到农业和材料等领域;计算可以通过神经形态、生物和量子方法进行转变;随着 6G、区块链和量子通信的发展,下一代网络将塑造数字领域与物理和生物技术的联系;新电池化学等能源存储和核聚变等能源生产方面的突破可能会彻底改变人们的旅行方式、建造方式、计算方式以及保护环境的方式,多种通用技术的融合可能促使美国制造业基础的广泛重塑。

报告认为,美国不太可能通过偶发的战略来缩小与中国日益扩大的技术差距。虽然美国的公私生态系统具有巨大的竞争优势,但缺乏集中度,因此美国需要一个掌握创新模式的计划来参与竞争。美国在政府、学术界、工业界拥有庞大的人才队伍,但其尚未将这些专家节点连接到支持国家目标的网络中。美国需要制订国家行动计划,同时制订大胆的技术目标,并需要一个综合评估程序来评估必要的举措。此外,政府和私营部门也可以利用创新生态系统的潜力在国际竞争中获得影响力。

对此,报告的建议是构建国家科技战略,首先要构建战略评估框架,以定义国家技术目标,提高美国的竞争力。该框架主要涉及三大因素:一是技术因素,即该项技术在战略上是否足够重要,是否足以保证在国家中占据主导地位;二是竞争对手因素,即美国的竞争对手在这项技术上是否具有战略优势;三是国内因素,即需要做些什么来确保美国的强势地位。在这三大因素项下,还涉及多项更为细节的考虑因素,详见表 1。

表 1

因素	定义	具体内容
技术因素	该项技术在战略上是否足够重要,是否足以保证在国家中占据主导地位	该项技术能否产生颠覆现有范式或从根本上改变世界运作方式的革命性突破? 该项技术是否是一种通用技术(GPT),如电力,是否可以对其他行业的加速发展提供助力? 该项技术是否存在或解决了一种新颖的、可预见的和实质性的国家安全威胁? 该项技术能够改变美国的经济基本面吗? 该项技术或计划是否具有巨大的衍生潜力? 该项技术的存在能否彻底改变军事力量平衡? 该项技术能否改变信息的生产方式和/或控制其在社会中的流动? 该项技术是否具有"先行者"标准,例如稀缺的生产要素、网络效应或其他形式的潜在特质?

续表

因素	定义	具体内容
竞争对手因素	美国的竞争对手在该项技术上是否具有战略优势	竞争对手在这方面领先吗？ 由于美国商业投资的盲点，是否需要抵消/跨越式举措？ 竞争对手是否在努力取得领先（战略、投资、决心、公共和私人模式对其发展进行协调）？ 与美国生态系统相比，竞争对手是否可能因其生态系统的技术准备水平而领先？ 竞争的经济/政治系统是否明显偏向于开发这种技术而不是其他技术（如资源分配、监管环境、规范等）？ 该项技术是否代表了相互冲突的技术影响领域的主要或潜在前沿？ 美国竞争对手将如何对美国开发该项技术或在领导该项技术保持领先地位做出回应？ 美国能否预见未来竞争对手在这一领域处于领先地位后将如何从根本上削弱美国的领导地位和实力？
美国国内因素	需要做些什么来确保美国的强势地位	美国的创新生态系统是否自然产生了足够的优势？ 围绕该项需要国家力量推动发展的技术，美国是否有明显的竞争优势？ 该项技术的成熟度如何？ 美国是需要"创造未来"来获得优势？ 美国政府是否将该项技术列为引发优先威胁或存在机会机遇的重点领域？ 该项技术的政治或社会意愿水平如何？ 盟友和合作伙伴目前是否拥有该技术的关键专业知识和材料/资源？ 其他国家会如何回应美国国家力量的推动？是否有明显的机会与盟国共同努力？ 哪些因素（激励、财务、政治、组织或监管）限制了美国该项技术的进步？ 这些都在美国政府的控制之下吗？

　　由此可见，该框架提供的是一个模板，在用于对多种技术不断发展和融合的时代从海量信息中识别战略信号

的同时,设置了一个审查技术的过程,因此决策者有责任根据当代战略环境评估框架的结论来做出判断。

二、恢复技术经济优势的源泉

报告指出,美国需要一项能够增加经济产出并填补经济和国家安全空白的技术工业战略,以保持领先地位。尽管美国仍然在关键经济基本面方面保持优势,但报告认为,政府的疏忽导致企业将大部分制造项目外包给东亚,导致美国经济失衡,造成软件优势明显但制造业脆弱的局面,美国正在失去生产关键技术投入的能力,且依赖的是其主要战略竞争对手的供应链。报告认为,在当前的世界环境中,除非能够确保在关键技术和供应链方面的主导性,否则放弃价值链的较低层次则意味着要面临严重的战略风险。为此,美国不仅需要加大对国内的投资,更需要解决的问题是哪种系统更适合将经济基本面转化为持久的国家优势。这需要一个由五部分组成的技术工业战略,即投资数字基础设施;培养精通技术的劳动力,包括从国外吸收人才;建设关键投入的制造能力;保持美国在金融领域的全球领导地位,包括利用数字金融的创新;以及美国需要运用其经济和金融实力遏制中国在技术经济领域的"不合规"做法。

具体来看美国的技术工业战略。

(1)关于下一代经济的数字基础设施,美国应迅速采取行动,为宽带接入建立安全的数字基础设施,如 5G 网络、卫星阵列和面向企业的物联网边缘设备。美国目前已经拨出百万美元用于全美范围内的宽带推广,当前的重点是执行,在优化网络安全和采购成本的同时,要求电信和互联网服务提供商实施"淘汰和更换"规则,以移除中国华为和中兴制造的通信组件。美国政府应实施扩大公共和私有 5G 网络覆盖范围的政策,5G 和 6G 固定无线接入、低地球轨道卫星和其他技术可以提供最后 1 英里宽带的竞争性替代方案,特别是在服务不足的社区。因此,政府应与私营部门合作来创建沙盒(sand box)①来推动这些应用程序的开发和测试,从而使美国成为 5G 应用市场的领导者和标准制订者。此外,美国政府还应鼓励

_____

① 也译为沙箱,计算机专业术语,在计算机安全领域中是一种安全机制,为运行中的程序提供隔离环境。

并加快开发和部署灵活的开放式无线接入网（O-RAN）和虚拟化网络架构，这可以为更多的美国科技公司创造机会，降低网络成本，并强化美国在国际标准制定方面的领导地位。

（2）美国的数据战略，应该旨在为公民服务，推进数据治理。该战略应阐明清晰的个人信息隐私权，并计划如何更好地利用数据来刺激私营部门驱动的创新和增长，包括 AI 开发。联邦政府应通过国家研究云向小企业及学术研究人员和非营利组织提供数据和云计算。报告认为，为数据创建明确的战略和监管框架可以为其他国家提供模板。值得关注的一个领域是需要解决非专有开源软件和硬件中的漏洞，政府解决此类漏洞的方法是需要国会授权创建一个开源技术安全中心，以识别和分类需要支持的技术，并为关键改进提供资金支持。

（3）在人才方面，报告认为国会和行政部门必须采取大胆行动，推进有效的教育、移民和劳动力发展政策。在《2023 财年国防授权法案》中，有提议要建立国防部网络和数字服务学院奖学金，以解决政府中技术人才的缺口。同时，联邦政府应扩大工业界和学术界之间的合作伙伴关系，并利用学徒计划来培训、再培训和提升下一代新兴技术人才的技能。根据《2022 年芯片与科学法案》，联邦和州政府应激励大学和学院以及科技公司在关键领域培养未来的劳动力并扩大现有计划。此外，联邦和州政府可以为半导体封装和电池组装等战略行业的工人培训与学徒计划扩大提供量身定制的税收优惠。此外，在国际合作项目中，应加强科研保障，保护敏感的知识资本免受外国威胁，大学和研究机构应构建系统，要求披露研究人员和资助组织的潜在利益冲突等。

（4）在解决对经济和国家安全构成战略层面风险的差距方面，美国政府必须与私营部门及其盟友和合作伙伴合作，为两用技术的关键投入建设生产能力。其中，应优先确保以下高风险投入的供应：一是稀土矿物和永磁体；二是先进的大容量电池；三是半导体。

（5）保持美国在数字时代的金融领导地位。报告认为，在当前的技术竞争中，保持美国在金融领域的全球领导地位至关重要。报告指出，美元具有显著的制度性和结构性优势，人民币在中期内取代美元的可能性较低。报告强调，美国应寻求为中央银行数字化制定国际标准和法规。

三、美国的人工智能治理方法

报告称,数字革命正在挑战美国宪政制度的基本原则,尤其是隐私、言论自由和平等保护,其中主要提及对控制和交易数据的担忧。报告指出,尤其是新的监控和面部识别技术正在增强国家的调查权力,但明确的限制和指导方针很零碎。报告提及,数据隐私权对于符合民主价值观的数字未来至关重要,需要就数字化法律概念达成新的共识,要通过有针对性的用例限制来解决面部识别问题,等等。社交媒体平台需要用多元方法来减少虚假信息,以腾出空间,确保集结有价值的技术突破,其主要涉及人类监控和环境管理领域,如人工智能驱动的个性化和精准医疗、基因治疗、疫苗发现、药物设计和癌症筛查方面的进展等。

四、重塑美国在科技竞争时代的全球领导地位

报告认为,数字基础设施是影响全球的新钥匙。谁控制了移动和存储数据的数字基础设施,谁就决定了数据流的安全性,谁就掌握了全球经济繁荣的核心以及与之相连的社会价值观。因此,美国政府应有组织地奉行外交政策以赢得科技竞争。同时,美国还需要与中国建立一种新的关系,以减轻升级的风险。

报告指出,应为科技竞争转变美国的外交政策。美国的外交政策有四个中期目标:一是促进数字自由;二是构建有弹性、安全和开放的全球数字基础设施;三是加强与"摇摆州"的技术合作;四是与中国构建反映技术竞争的新型关系。据此,报告建议美国外交政策战略采取三个支柱来实现这些目标。

(1)建立联盟伙伴关系。报告认为,在科技竞赛中,美国及其盟国必须超越协调,将联盟技术与工业合作制度化,以最大限度利用联盟的生态系统,发挥各自的

比较优势。具体是要通过升级使联盟协调全球化，美国应通过利用其在四方对话机制（QUAD）、奥库斯三方安全伙伴关系（AUKUS）及美欧贸易和技术委员会（TTC）中的领导地位，将来自美洲、欧洲和印太地区的盟友聚集在全球伙伴关系中，在全球范围内进行规模竞争。

（2）调整私营部门的活动，使其与战略技术优先事项保持一致。

（3）要与中国建立反映技术竞争的新关系。未来最具挑战性的问题或将是保持美中关系的可预测性及稳定性，因为两国在技术和经济上越来越脱节，且均在寻求减少双方技术生态系统之间的联系。报告认为，其提议的联盟方法适用于任何技术领域的竞争，也有利于美国建立合作框架，推进其在国防和情报领域的优先事项，除微电子/半导体、5G和人工智能外，还涉及生物技术、量子计算、未来能源系统和其他新兴技术。

五、冲突的未来和国防新要求

报告认为,战争的性质正在发生变化,我们当前已经处于一个持续存在的网络、经济和信息冲突的新时代,新兴技术正在改变影响的范围和特异性,从而实现个体的微观定位。面对利用新技术和作战理念获取优势的军事对手,美国在维持其国防承诺的能力和美国威慑的可信度方面面临的质疑越来越多。美国自身国防工业基础的脆弱性、美军从传统能力向尖端系统过渡的渐进性以及采用新型技术的斗争性均加剧了这一挑战。为了提高美国的军事地位,报告提出了一种新的竞争方法,该战略主要集中在几个重点领域:分布式和网络化操作、人机协作、以软件为中心的作战模式、弹性以及与盟国和合作伙伴在更高技术领域的互操作性和可互换性等。

六、数据驱动竞争时代的智能

报告称,在接下来的 10 年,美国与中国和俄罗斯的竞争比任何其他安全问题都更能影响美国领导人对情报机构的要求,与此同时,情报官员必须懂得如何运作以收集和处理所需信息等。数字技术正在迅速改变情报环境。因此,美国的情报界(IC)能否崛起,不仅取决于美国能否通过数字化转型适应新的科技时代,也取决于美国能否利用专门的、技术驱动的开源组织来支持本国的决策,还取决于能否创造新的能力来获取和掌握外国经济、金融和技术情报并反击外国信息领域的威胁。

七、结 语

总体而言,美国国家竞争力所面临的挑战就是中美技术经济竞争。报告认为，到 2030 年，包括人工智能、机器人技术和自动化、生物技术和生物医学、可再生能源、量子计算、物联网、第五代无线网络或 5G、材料科学和自动驾驶汽车在内的几项技术将明显改变经济、社会和国家安全。这些技术将推动生产力和经济增长的巨大进步，彻底改变制造业和运输业，并重塑全球经济和军事力量的平衡。

报告提及了决定美国领导力的下一步竞争领域，即文中提及的三个交叉领域——物理（原子）、数字（比特）和生物技术（细胞）。与过去 20 年侧重于数字领域的创新相比，下一阶段的技术创新将是新兴和不断发展的通用技术（GPT）的交集。这种创新的扩张意味着全球地缘政治和经济现状的结构性转变。

研究分析

关注日本增强供应链韧性的 "商品"选取方针

摘要：在 2022 年 11 月下旬，日本政府召开的"经济安全保障专家会议"第四次会议上，公布了有关"确保特定重要商品稳定供应"的商品选取方针草案①②，共列出了 11 类"重要商品"。

作为日本政府近年来最重要的立法之一，《经济

---

① 内閣官房.特定重要物資の安定的な供給の確保に関する基本指針（案）[EB/OL].（2022-07-26）[2022-12-28]. https://www.cas.go.jp/jp/seisaku/keizai_anzen_hosyohousei/r4_dai1/siryou6.pdf.

② 内閣官房.特定重要物資の指定について【安定供給確保取組方針（概要案）】[EB/OL].（2022-11-16）[2022-12-28]. https://www.cas.go.jp/jp/seisaku/keizai_anzen_hosyohousei/r4_dai4/siryou1.pdf.

安全保障促进法案》的部分条款已于 2022 年 8 月 1 日起正式施行。日本政府 11 月下旬最新发布"确保特定重要商品稳定供应"的商品选取方针草案，意味着日本政府在增强重要商品供应链方面又推进了一步。

一、《经济安全保障促进法案》概述及有关 "强化供应链韧性"的最新进展

2022 年 5 月 11 日，日本《经济安全保障促进法案》正式成为法律。该法案除附则外，共分为 7 章 99 条，涵盖四大支柱：一是强化供应链韧性；二是加强核心基础设施审查；三是官民合作强化尖端以及关键技术研发；四是敏感专利非公开化。为了能够顺利实施，在 7 月 25 日召开的"经济安全保障法制专家会议"上，日本政府公布了"《经济安全保障促进法案》实施方针（草案）"，并同时公布"确保特定重要商品稳定供应的基本方针（草案）"以及

"特定领域关键技术的研发以及促进成果转化的基本方针(草案)",并于9月底的内阁会议上正式通过。

按照《经济安全保障促进法案》的规定,在"强化供应链韧性"第一大支柱下,需要:(1)制定确保"特定重要商品"稳定供应的基本方针;(2)划定"特定重要商品"的种类和范围(政令指定);(3)制定确保稳定供应的相关具体举措;(4)对符合条件的企业的"稳定供应计划"予以认证并给予支持(包括享受日本政策金融公库法特别待遇、享受中小企业投资育成株式会社法特别待遇、享受中小企业信用保险法特别待遇等);(5)需要采取特别措施认定的"特定重要商品"及政府的举措;(6)建立"特定重要商品"稳定供应的市场环境(与公平贸易委员会及《海关关税固定税率法》有关);(7)其他(相关部门可对从事"特定重要商品"生产、进口、销售的企业及个人视情况进行供应链调查)。相关条款将于法案颁布后9个月内生效。

2022年10月6日,"日本经济安全保障法制专家会议"召开2022年以来的第三次会议,就《经济安全保障促进法案》中作为第一大支柱的"强化供应链韧性"的相关内容再次进行讨论,初步就2022年9月30日日本内阁会议通过的"确保特定重要商品稳定供应的基本方针"中有关"特定重要商品"种类的确定形成共识。在 11 月下旬召开的第四次"日本经济安全保障法制专家会议"上,"特定重要商品"列表终于出炉。

在最终确定"特定重要商品"的种类之后,日本政府将为获得"认证"的生产特定重要商品的企业提供各种政策支持。根据《经济安全保障促进法案》以及相关实施指导方针,生产"特定重要商品"的日本企业需要制定"确保稳定供应计划",明确具体措施,并交由商品主管大臣审批。"确保稳定供应计划"包括生产设施的完善、特定重要商品来源的多样化、商品储备、生产技术开发以及替代物资开发等。对于符合条件的企业,日本政府将为其提供海外物资调配、委托生产、国际合作等政策措施,并为企业提供必要的财政资金支持,构建"官民一体"的供应链危机应对机制。政府所提供的具体的财政支持措施包括:为获得认证的企业提供补贴(包括政府补贴以及针对向获得认证的企业提供贷款的金融机构给予利息补贴)、日本政策金融公库的特别规定(两步贷款方案)、中小企业投资育成株式会社法的特别规定、中小企业信用保险法的特别规定。

二、关于"确保特定重要商品稳定
供应的基本方针"

根据法案,所谓"特定重要商品",指的是国民赖以生存的必需品,以及国民生活和经济活动具有广泛依赖性的商品,当这些商品存在过度依赖外部供应或过度依赖外部资源的风险时,为防止相关商品由于外部采取的行动导致供应中断而发生损害国家、国民安全的事态发生,日本政府将其划定为"特定重要商品"并确保这些商品的持续稳定供应。

(一)"确保特定重要商品稳定供应"的重要性

"确保特定重要商品稳定供应的基本方针"(即"强化供应链韧性的基本方针")指出,是否"国民赖以生存的必需品,以及国民生活和经济活动具有广泛依赖性的商品",由 1 或 2 确定。

1.民众赖以生存的必需品

所谓民众赖以生存的必需品,是指一旦发生供应中断,将直接影响民众生存的商品,这需要综合考虑供应中断的严重性、影响范围和替代的难易程度。具体包括:(1)供应中断的严重性。即供应中断等情况下因无法使用该商品,而对商品的受益人造成致命影响或不可逆转损害的可能性增加。(2)影响范围。在判断影响范围时,需要衡量其对提供国民生存所必需的公共服务的影响程度,如需求规模(使用者人数或利用者人数等)。(3)替代的难易程度。在判断该商品是否难以替代时,应衡量立即使用另外一种商品时替代效用/功能是否存在障碍。

2.国民生活和经济活动具有广泛依赖性的商品

国民生活和经济活动具有广泛依赖性的商品是指那些被大多数人广泛使用或融入各个行业的商品,当这些商品变得无法使用或无法利用时,从经济合理性的角度无法找到替代品。在判断国民的生活或经济活动是否广泛依赖某种特定重要商品时,需要综合考量供应中断的严重性、影响范围以及替代的难易程度。具体包括:(1)供应中断的严重性。需要考量以下事项:该商品或使用以及利用该商品(作为零部件或原材料等)的商品是否对维持国民生活和经济活动至关重要,供应中断等情况发生时是否会对国民生活和经济活动造成重大阻碍;该商品是否是其他商品生产过程中的核心组成部分。(2)影响范围。应考虑以下事项:传播和使用率高的商品(有许多民众和企业使用或利用该商品等);产业规模大的商品(使用或利用该商品的相关产业规模较大等);对大多数民众或行业使用或利用该商品的基础设施功能的维护影响很大(该商品供应中断等对基础设施功能的维护影响很大,以及对使用该基础设施的民众和产业带来的影响很大等);用途多样。(3)替代的难易程度。在判断该商品是否难以替代时,应考虑从经济合理性角度而言立即转换为使用其他商品是否合理。

(二)关于特定重要商品的"外部依赖"

方针草案指出,所谓"过度依赖外部供应或过度依赖外部资源的风险",由1或2决定。

1.过度依赖外部供应

过度依赖外部供应的商品指的是那些供应偏向特定少数国家(地区)的商品,如果这些国家(地区)的供应中断,可能会产生巨大影响。在判断是否过度依赖外部供应时,根据每种商品的特性,需要综合考虑对特定少数国家(地区)的依赖和集中程度、从日本和其他国家(地区)获得替代供应的可能性以及短期供应中断的脆弱程度。具体包括:

(1)对特定少数国家(地区)的依赖和集中程度。应考虑以下事项:

①国内需求对特定少数国家(地区)的依赖程度;

②国内需求中的国内生产份额;

③国内需求量以及占国内进口量比重最大的国家（地区）的进口量情况。

（2）从日本和其他国家（地区）确保替代供应的可能性，包括以下事项：

①从日本目前依赖的特定少数国家（地区）以外的国家（地区）的过剩供给能力以及在全球的供给份额来看，是否有可能在经济合理性的范围内确保替代供应；

②从日本国内生产基地的过剩供给能力来看，是否有可能在经济合理性的范围内确保替代供应。

（3）短期供应中断的脆弱程度

在判断短期供应中断的脆弱程度时，应考量供应中断产生影响的时期和影响程度，上述影响时期和程度因商品的功能、特性、流通情况的不同而有所差异。

2.过度依赖外部资源的可能性

过度依赖外部资源的商品指的是如果不根据社会经济结构、技术创新趋势、产业战略和科技战略的变化而采取相应的措施，未来可能会导致使用该商品的日本或其他国家（地区）对外依赖的概率大幅提升。

　　在判断是否存在过度依赖外部资源的风险时，应综合考虑未来供给的重要性和增长潜力、国内外趋势等。具体包括：

　　（1）未来的重要性和增长潜力

　　在判断未来的重要性和增长潜力时，需要考量日本和其他国家（地区）的社会经济结构和技术创新的中长期变化趋势，例如某种商品是否符合数字化转型（DX）和绿色转型（GX）的趋势，是否具有战略意义，是否有望在未来发挥重要作用和具有高增长性，等等。

　　（2）国内外趋势

　　在判断某种特定重要商品的国内和国际发展趋势时，需基于社会经济结构，根据以下趋势考虑该商品是否具有战略意义：

　　①日本以及其他国家（地区）政府产业战略和科技战略的动向；

　　②日本以及其他国家（地区）与材料相关的私营部门的研发、投资、分享、设备所有权和其他行业的发展动向。

（三）由外部采取的行动导致供应中断的可能性

为了防止因外部行为导致特定重要商品供应中断令国家和国民安全受到威胁的情况发生，在确定特定重要商品的种类和范围时，需要就外部行为所产生影响的情况进行评估，并确认发生的概率，从而采取有效举措防止损害国家及国民安全。该概率受商品的状况、日本周边的外交、安全环境等内外部因素的影响。例如，供应国家（地区）出口的停止和限制，针对其优先供应的国家（地区）实施减少生产等限制措施，需要综合考量外部行为所可能带来供应中断等风险。

（四）采取特别措施确保某些商品稳定供应的必要性

在确定特定重要商品的种类和范围时，除上述（一）至（三）的要求外，当认为需要采取特别措施确保某些商品的稳定供应时,则可将该商品列为"特定重要商品"。

(1)对于一部分重要且依赖外部供应的商品,以及由外部行动可能导致供应中断的商品,确保稳定供应一直是日本政府施策的重点,但相关商品已经在其他制度下采取确保稳定供应的措施。在某些情况下,上述已采取的措施可能与本制度下的措施重叠,则判断依照本法案已经不需要再采取措施确保该商品的稳定供应。但是,即使采取的措施重叠,如果在本法案下采取措施与其他制度下的措施相结合,更加有助于确保该商品的稳定供应,则仍可将其列为"特定重要商品"并采取相应的稳定供应措施。

(2)以下情形被视为确保稳定供应措施的高优先级情况:

①对于国民生存至关重要的商品或对关键基础设施的稳定提供产生重大影响的商品,近年来如果曾经出现过供应中断的记录,而且在当前供应中断风险有所增加的情况下,认为有必要立即采取措施确保稳定供应和减少风险时;

②基于社会经济结构的中长期变化和技术创新趋势的未来重要性和增长潜力等战略重要性,综合考虑日本以及其他国家(地区)产业战略和科技战略定位、民间研发、投资趋势等,认为有必要立即采取措施确保某些特定重要商品的稳定供应时。

如表1所示,如果能够同时满足以下四个条件,就能够确定该商品是日本政府认为需要确保稳定供应的"特定重要商品":

表1　"特定重要商品"需要满足的条件

条件	认定原则	具体内容
条件一	国民赖以生存的必需品	直接影响国民生存的商品
	国民生活以及经济活动广泛依赖的重要商品	被大多数人广泛使用,融入各个行业,从经济合理性的角度而言没有替代品的商品
条件二	过度依赖外部	供应集中在少数特定国家(地区)的商品,如果供应中断可能会产生巨大影响
	过度依赖外部资源的风险	基于社会经济结构的变化和技术创新趋势,除非日本采取措施,否则将来有可能依赖外部资源的商品
条件三	外部因素可能导致供应中断	评估由于外部因素而发生供应中断并对国民生存、生活和经济活动产生重大影响的可能性,并确认这种情况发生的可能性

续表

条件	认定原则	具体内容
条件四	采取措施的必要性	除条件一、条件二、条件三外,认定"特定重要商品"还需考虑以下因素: (1)在其他制度下已经采取措施,但在本法案下采取措施叠加更有助于确保商品的稳定性; (2)以下是采取确保稳定供应措施的高优先级情况: 对国民生存至关重要的商品,或被认为对基础设施功能的维护有重大影响的商品;假如近年来曾发生过供应中断的情况,或供应中断风险不断提高,有必要采取紧急措施确保供应的商品。 基于社会经济结构的中长期变化和技术创新趋势的未来重要性和增长潜力等战略重要性,综合考虑日本以及其他国家(地区)产业战略和科技战略定位、民间研发、投资趋势等,认为有必要立即采取措施确保稳定供应的重要商品

三、关于"确保特定重要商品"的
商品选取方针草案

　　日本政府最新公布的"确保特定重要商品"的商品选取方针草案中,共列出了11类"重要商品",分别是:抗生素类药物、化肥、半导体、蓄电池、永磁体、重要矿物、机床及工业机器人、飞机零部件、云程序、天然气、船舶相关设备。方针草案列出了上述 11 类商品供应链存在的"问题"以及"保供目标"等。

1.抗生素类药物

供应链存在的问题:抗生素类药物的使用对于医疗机构中感染性疾病的预防和治疗至关重要。在日本销售的 β-内酰胺类抗生素,其灭菌、干燥、灌装等商品化过程主要在日本进行,但原材料制备由于利润较低以及需要避免爆炸等危险状况的特殊制造设备,导致日本该类药物几乎 100％依赖海外。

保供目标:在日本国内建设民众生存所必需的抗生素类原料药的制造和储备设施,构建满足医疗现场不间断稳定供应的体制。

2.化肥

供应链存在的问题:水稻、田间作物和果树等所有农作物的生产都离不开化肥。但化肥原料在特定地区分布不均,大部分供应依赖进口。受国际形势变化影响,全球粮食需求增加、冲突不断,原材料供应中断风险凸显。

保供目标:加强主要化肥原料磷酸铵和氯化钾的储备,包括建设仓储设施。到 2027 财年,建立一个即使在化肥原料供需紧张的情况下也能够确保日本国内化肥生产持续性的保障体系,以确保化肥的稳定供应。

3. 半导体

供应链存在的问题:半导体不仅影响人们的生活和产业发展,还是支撑数字社会和绿色社会的重要基础,因此,未来半导体市场仍有望继续扩大。但随着全球半导体需求的增加以及其他国家(地区)积极进行战略投资,日本半导体企业的竞争力持续下降。部分制造设备和原材料严重依赖国外的商品,比如黄磷、衍生物、稀有气体等,以及日本具有一定竞争力的常规半导体、制造设备、零部件和材料等,未来可能面临进一步依赖海外的风险。

保供目标:支持基于《5G 促进法》的先进逻辑半导体和存储半导体生产设施的开发,支持基于《经济安全保障促进法案》的确保传统半导体和制造设备及材料的稳定供应。维护并通过加强原材料产能,增强日本国内各类半导体的产能。由此,到 2030 年日本半导体生产企业的总销售额(半导体相关)将超过 15 万亿日元,以确保日本国内半导体的稳定供应。

4.蓄电池

供应链存在的问题:蓄电池是 2050 年实现碳中和的关键。尽管日本在电池电芯和材料方面拥有高水平的开发和制造技术,但所占市场份额仍下降明显。随着成本竞争力的下降,日本企业的市场份额将进一步下降,继而无法确保国内稳定供应,其供应链风险不断增加。

保供目标:政府将在建立国内蓄电池生产基地、确保上游资源、人才培养、下一代技术开发、促进外商引进、改善制造和使用环境等方面提供综合支持。到 2030 年,确保日本国内蓄电池生产能力达到 150GWh/年,日本企业的全球生产能力达到 600GWh/年,抢占下一代蓄电池市场。

5.永磁体

供应链存在的问题:随着电气化和数字化的推进,半导体和电池将成为重要的物资,而永磁体决定了它们的性能。随着需求扩大和国际竞争的加剧,(1)日本国内永磁体的产能无法满足国内需求(日本企业所占份额从 2013 年的 23%降至 2021 年的 15%),出现无法确保稳定供应的风险;(2)作为原材料的稀土对外依存度高;(3)永磁体的商业回收利用未取得显著进展。

保供目标:到 2030 年,根据国内需求,增加永磁体的日本国内生产能力,维持和加强现有的国际竞争力。到 2030 年,通过替代磁铁的开发,将循环利用能力提高一倍(相比 2020 年),同时加强重稀土资源的开发,降低永磁体的对外依赖度,建立永磁体的稳定供应。

6.重要矿物

供应链存在的问题:全球对电池金属和稀土等重要矿物的需求正在增强,这些矿物是生产用于碳中和的蓄电池和发动机所必需的,其他国家对资源的竞争加剧,新矿床的品位和条件在不断恶化。对于重要矿物的需求持续增长,需要通过向资源生产国出资来确保上游资源。此外,有必要使寡头垄断的冶炼和精炼工艺多样化,减少对海外的依赖。

保供目标:在重要矿产中,政府将主要支持电池金属和稀土,这是 2050 年实现碳中和的关键。通过政府相关支持措施以及利用日本能源和金属矿物资源机构(JOGMEC)的风险资金,目标是到 2030 年确保日本国内蓄电池和永磁体的供应。

7. 机床及工业机器人

供应链存在的问题:机床及工业机器人是制造业不可或缺的基础。与此同时,为了满足数字化转型、碳中和等不断扩大的需求,未来维持和增强日本机床及工业机器人的国际竞争力至关重要,而机床及工业机器人的控制系统是提高竞争力的关键。

保供目标:为了降低作为未来日本制造业基础的机床及工业机器人的对外依赖风险,政府将加强国内生产能力和技术能力,保持和加强国际竞争力(为满足未来全球不断增长的需求,到 2030 年机床的国内产能目标为 11 万台/年,工业机器人约 35 万台/年)。

8.飞机零部件

供应链存在的问题:为了确保飞机的正常安全运行,确保飞机零部件材料的稳定供应至关重要。机体、零部件和原材料,尤其是大型锻件、陶瓷基复合材料(CMC)、碳纤维等在飞机制造中占有重要地位。随着国际形势的变化,这些产品供应中断的风险正在增加。此外,从构建全球供应链和安全的角度来看,飞机零部件及材料技术含量高、认证要求高、替代难度大。

保供目标:确保大型锻件的产量以满足国际形势变化带来的新需求,通过建设下一代航空发动机用 CMC 确保稳定供应,并增加产能以应对碳纤维需求的增加。到 2030 年,日本将确立并巩固在国际飞机供应链中的核心地位,维护飞机的正常安全运行。

9. 云程序

供应链存在的问题：云程序是支持云服务的基础组件，决定了云服务的角色和功能，但日本的基础云程序和云服务依赖海外运营商。在日本拥有业务据点的经营者未能开发出方便、高效且安全的云程序，也缺少开发未来云程序所需的先进基础设施。

保供目标：政府将支持特别重要的云程序的开发，并完善未来云程序开发所需的使用环境，确保能够自主管理重要数据的云服务。

10. 天然气

供应链存在的问题：液化天然气发电量占日本发电量的 40% 左右。迄今天然气的交易结构主要基于长期合同，但近年来交易规模有所扩大。政府需要确保交易的灵活性和弹性。液化天然气供需已出现缺口，供应中断风险凸显。包括传统的液化天然气进口国在内，在竞争日趋白热化的同时，上中游投资减少，日本也很难以稳定的价格达成长期合同。

保供目标:为了确保天然气的稳定供应,除了上游资源开发和国内资源开发,政府从2023年起在战略上确保液化天然气的供应。

11.船舶相关设备(船用发动机、导航设备、螺旋桨等)

供应链存在的问题:海上运输占日本贸易额的99.5%,海上运输中断将对日本经济和民众生活产生巨大影响。为了保持自主的海上运输,需要确保海洋设备以及船舶的稳定供应。目前,日本、中国和韩国建造了世界上90%以上的船舶。为了保持海上运输的自主性,需要在国内确保海洋设备以及船舶的稳定供应,而这种情况仅靠企业自身很难应对。特别是船用发动机(engines)、导航设备(sonar)、螺旋桨(propellers)是关系到船舶设计、建造一体化的核心设备,需要确保这些设备的自主供应。

保供目标:从2023年开始,政府将向船用设备制造商提供制造设备等支援,到2027年拥有能够满足国内所有需求的船舶相关设备产能,以能够根据全球经济趋势及新船市场趋势和变化来满足预期的需求增长。